遠い記憶　遠い国

ある旅の記録

金成陽一

彩流社

目次

［1］遠い記憶　ヴォルプスヴェーデ村にて

北ドイツの大都会ブレーメンから東に向かって車で三十分ほど走ると、十九世紀末に芸術家たちが集まって造ったヴォルプスヴェーデ村に到着する。

私が友人を訪ねてこの芸術家村へやって来たのは、一九七〇年三月上旬であった。ハンブルクの美術学校を出た彼は、ここに白一色で統一された天井の高いアトリエを構えていた。他の色を一番際立たせる白は、画家にとっては最も大切な色であるだろう。彼は隣の部屋を、カーテンから絨毯、家具ベッドにいたるまでことごとく黒で統一し、「コカ」と「コーラ」という名の白猫と黒猫、そして美しい恋人と共に、悠々自適な生活を楽しんでいたのである。

猫の餌は毎日、若い恋人が与えていた。彼女はまぎれもなくドイツ人だったのだが、イタリア女のように燃えるような黒髪と黒い瞳をしていた。しかし、私が特に好きだったのは彼女の声だった。どうやら声でもって人を好きになることもあるらしい。ときおり、猫を膝に抱いて、窓辺に佇んでパラパラ舞う小雪を物憂げに見ているその女の姿は、一枚の絵のようでもあった。

彼女が毎朝入れてくれる珈琲はとてもいい香りがして、強い煙草によく合った。ときどき、彼女は薄いネグリジェのまま現われて、そんなときには大きな乳房がほのかに見えてもいたのである。


詩人リルケ(Rainer Maria Rilke)をヴォルプスヴェーデに誘ったのは、ユーゲント・シュティルの画家ハインリッヒ・フォーゲラー(Heinrich Vogeler)であった。

二人が一八九八年にフィレンツェで出会った二年後にリルケはこの芸術家村へやって来て、彫刻家のクララ・ヴェストホッフ(Clara Westhoff)と結婚している。彼女は、「日の出前」等の作品で知られる自然主義の作家ゲルハルト・ハウプトマンの妹である。翌年、二人に女の子が生まれるのだが、生活は厳しかったらしく、クララは弟子を取って彫刻を教え、リルケも執筆の仕事を探していたようだ。

それにしても、この一年前にリルケはルー・アンドレアス・ザロメ夫妻とロシアを旅してトルストイを訪ね、その誠実な人柄に大きな影響を受けたりしているのだから、病弱とはいっても非常に精力的に行動していたのである。しかもこの前年、彼はルー・ザロメにプロポーズして断られてもいたのである。彼女は以前ニーチェからのプロポーズも拒絶していた。

リルケがヴォルプスヴェーデに住んだのは三年ほどで、その間には有名な「神様の話」が書かれ、村の集会などではこの「大人のためのメルヘン」を朗読したこともあったらしい。

それは奇妙な土地だ。ヴォルプスヴェーデの小さな砂山に立つと、それがあたり一面にひろがっているのを見渡すことができる。濃い色の地の上に深みから輝きでるような花模様の縁飾りのついたあの農夫の被り布に似た眺めである。平らに殆ど襞もなく、それはそこに横たわっていて、いくつかの道や水路が遠く地平線のかなたに通じている。そこでは名状しがたい移りやすさと、雄大さをそなえた大空がはじまっている。それは一枚一枚の木の葉にも姿を映している。すべての事物はこの大空に没頭しているように見える。それはいたるところにあるのだ。

（『リルケ全集』（5）吉村博次訳、弥生書房）

「このあたりは昔は海で、いたるところに海がある」とリルケは書いている。確かにこの村は風向きによってときおり、懐かしい海の香りのすることもある。

もともと、ヴォルプスヴェーデはオランダ移民たちによって作られた村だから、暗い北ドイツ的な印象とはちょっと違って、やや明るい雰囲気が漂っていた。ハンブルクから車で走って来る途中に、いくつかの風車を見かけたのだったが、それらもひょっとすると移民たちの名残りであったのかもしれない。

「ロダン論」を書き始めたリルケは一九〇二年にヴォルプスヴェーデを後にして、パリに出てロダンに会い、クララも娘を実家に預けてロダンに師事したのであった。そしてここでもリルケはロダンの芸術観に深い感銘を受けたのである。

晩年、スイスに移り住んだリルケは薔薇の棘に刺された傷が元で白血病になり、五十一歳で亡くなっている。

薔薇よ、おお純粋なる矛盾、
それだけ多くのまぶたの下に、
誰の眠りも宿さぬことの
喜びよ

一九七〇年に私は四、五回ほどその地を訪れたはずなのだが、当時のメモや走り書きはもうどこかにいってしまって、今はただ、楽しかった遠い記憶が残っているだけだ。

次に行ったのは五年後、樹々が黄色く色づき空気もひんやりとした秋の終りの頃であった。友人と私は以前と同じように夜更けまで飲んで語り合い、朝と夕暮れどきには散歩を欠かさなかった。

そもそもドイツ人は一般に散歩好きの民族で、彼もその例にもれずいかに寒くてもその習慣を守っていたのである。うねった丘の外れに戦没者の慰霊碑があり、そこからは彼方にブレーメンの橙色をした街明かりが見えるのであった。この年の秋はいつもに較べて特に美しく、まわりの森が一面見事な黄色に染まっていた。ドイツの紅葉はほとんどが黄色で、日本のように色とりどりにはな

ヴォルプスヴェーデ村

らないけれど、その色は本当に目に鮮やかなのだ。

村には二軒の薬屋があり、そのうちの一軒にチェコから亡命してきたミレナという中年女性が働いていた。友人の恋人が彼女と親しくしていたので、私たちは夕暮れどきによく牧場に沿って散歩をした。いつも笑顔を絶やさないミレナに、私は好感を持っていたし、近いうちプラハへ旅行したいと計画していた私にとって、彼女の話はとても興味深く有意義なものだったのである。

「チェコへ行ったら、政治の話はタブーですよ。あなたが好きなカフカの話など絶対にしてはいけません。カフカのカの字も言ってはいけないのです」

こんな科白を私は何度彼女の口から聞いたことだろう。ミレナはカフカの恋人と同じ名前なのを、以前私は話したことがあったのだ。チェコに出発する前、彼女はプラハに住んでいる従妹を紹介してくれた。

晩秋のボヘミアの都にはところどころうっすらと雪が残り、お天気も悪く、町中を流れるモルダウ川の深い緑がいっそう私の淋しさをつのらせた。観光客の姿などほとんど見かけず、唯一私が出会った外国人といえば城の教会を見学していたフランス人のお婆さんだけであった。

私はどのようにミレナの従妹に連絡をとったのか、そしてその人が何という名であったのかも忘れてしまった。覚えているのはその人が灰色の美しい目をした中年女性で、流暢なドイツ語を話していたことである。彼女は私をカレル橋そばの地下にあるレストランに招待してくれた。そこは昔貴族の館でもあったのか、重厚な家具調度が整えられ、壁には何本もの松明が燃えていた。そして、幽かな風で炎が揺れると、二人の影もまた揺れるのだった。そのとき、まわりのテーブルに座っていた人たちがチラチラとこちらを見るのに気づいたので、「この国ではまだまだ日本人は珍しいのでしょうね」と言うと、彼女からは意外にも「彼らはきっと私を見ているのですよ」という返事が返って来て、その自意識にびっくりしたのである。

しかし、彼女は実は国営テレビのアナウンサーで、恐らくその顔は、この国では良く知られていたのに違いなかったのだ。ミレナからは何も聞いていなかったので、私は本当に驚いたのである。われわれは数時間食事を楽しんで、外に出るとしきりに小雪が舞っていたのを覚えている。石畳の道に人影はなく、ぼんやりと灯るガス灯の明かりが印象的であった。当時この街にはまだ至るところガス灯が見られたのである。夕方、やや薄暗くなり始めると、物干し竿のような長い棒を持った魔法使いのようなお婆さんが、どこからともなく火をつけに現われるのである。

当時の記憶が曖昧である理由のひとつは、住所録や旅のメモ、そして何本かのフィルムを入れておいたカバンが置き引きにあって無くなってしまったからである。幸いパスポートと少しのドイツマルクだけは別ポケットにあって無事だったものの、貴重な思い出を盗まれたのは悔しいかぎりであった。

ブレーメンの美術館にはヴォルプスヴェーデの画家たち（Die alten worpsweder Meister）の部屋があり、パオラ・ベッカーやハインリッヒ・フォーゲラー、フリッツ・マッケンゼン等の絵が飾られていた。

フォーゲラーはヴォルプスヴェーデに最初に住み始めた画家の一人で、若い頃の作品は夢にあふれ実に情緒的なのに、社会主義思想に強い影響を受けた後の作品からは、ファンタジーの要素が完全に消え失せ、社会的なリアリズムばかりを追求しようとする別人の印象を受ける。彼もやはり、年代によってさまざまに画風を変えていった多くの画家の一人には違いない。

私は、彼の初期の作品「夢想(トロイメライ)」（Träumerei）がとても好きだった。春先の野辺に一人の乙女がたたずんで、どこか遠い空の彼方をぼんやりと眺めている。やっと芽を吹きはじめた白樺の木々はその枝を高く伸ばし、空はどこまでも青く澄んでいる。この絵を見ていると、何となく幸せな気分にな

ハインリッヒ・フォーゲラー「夢想」（1908年）

って、ほのかな希望の湧いてくる感じもするのだ。その印象は「夢想（トロイメライ）」というタイトルによるところも大きかったかもしれない。

　全体はパーマネントイエローを被せたような仕上がりで、それが画面を引き締め、鮮やかな色合いを抑える効果をあげている。モデルは恐らくフォーゲラーの妻マルタなのだろう。ずっと後の二〇〇一年、東京駅ステーションギャラリーで、この作品に再会した時、私は本当に昔の恋人にめぐりあったような気がしたものである。

　パオラ・ベッカーの「リルケ像」や「貧しき女」等の作品は、とても地味な色彩で力強く描かれている。一人の女が首をやや左へ曲げ、大きな眼でこちらを見ている。どっしりした鼻と引き締められた口が彼女の意志の強さを窺わせる。太い首から垂れた首飾りは両の乳房のあいだにまで長い。

右腕は乳房の下、他方は臍の下に置かれて、やや膨らみ始めたお腹を両側から保護しているような感じだ。「第六回結婚記念日の自画像」と題されたこの作品は、身籠ったマドンナ像として描かれているのだ。

モデルはパオラ自身だが、この頃彼女は妊娠などしておらず、この作品が描かれた一九〇六年の翌年には他界してしまったのだから、恐らく、彼女にはぼんやりとした死の予感があったのではないだろうか。自分に残された僅かの期間に、子を生み母となる夢を抱いて彼女が作品を描いていたとしても何の不思議もないだろう。「死は生を孕み、みずからは没落することによって彼方に生を蘇らせる」というのは、当時のユーゲント・シュティルの考え方だ。「死と再生」のモチーフは『グリム童話』にも繰り返し現われてくる永遠のテーマである。死を予感したパオラにとって、母となり新しい命を得ることは自分の芸術活動を支える大きな根拠となるはずだったのではあるまいか。

友人は変った絵を描く男である。彼は白が美しいとの信念を抱いて、何もかも白を基調として描く。大きなキャンバスには白い壁に懸かっている白いワイシャツや白いシーツの皺が克明に描かれている。あるいは、白いテーブルクロスの上に置かれたいくつかの卵などだ。ときおり、オランダやベルリンで個展を開き、結構な値段で売れていたらしい。

その後、彼は拠点をベルリンに移したので、私はぱったりとヴォルプスヴェーデへ行くことはなくなってしまった。あの村にはいつもゆったりとした時間が流れ、煩わしい世間の喧噪を忘れさせてくれた。いつまでもずっとそんな時間が続いて行ってくれればいいと願っている。

夕暮れ時、私は窓辺に佇んで懐かしい日々を思い出すことがある。

［2］ メルヘン街道　ハイルマン夫妻の思い出

一九八〇年代後半三月のある寒い日から、私はハノーファーに住むハイルマン夫妻のところに一週間ほど滞在していた。ハイルマン氏とは四年前にオーストラリアで知り合って以来の付き合いで、夫妻は前年の秋来日して私の家に来てくれたこともあった。私とは二回りほども年齢が違ったけれど、好きな作家や趣味が共通して、非常に馬が合ったのである。

潔癖なほど清潔好きなドイツ人の例にもれず、夫妻のお宅は床も壁もピカピカに磨き込まれ、緑色が大好きなハイルマン氏の部屋は、インテリアや床から壁まで全て緑で統一されていた。さらに、彼のセーターもベレー帽も車までもがみな緑色であった。

前夜は夫妻と話が弾んで、私はついついワインを飲み過ぎてしまった。まだ薄暗い朝、ドアの幽かなすき間から漏れてくる細い明りで、ハイルマン夫妻はもうすでに起きているのがわかった。それにしてもドイツの家は石造りで頑丈だから、隣の物音などいっさい聞こえてこない。あとで伺うと、夫人は毎朝六時に起床して、その習慣は夏でも冬でも全く変わらないということであった。私が七時過ぎに起き出した頃にはテーブルに朝食の支度が整い、心地よい珈琲の香りがプーンと部屋中に漂っていた。滞在中、夫人は私のためにいつもこの濃い珈琲と焼きたての美味しいパンを用意してくれたのである。また、エッグスタンドに載ったゆで卵は、毎朝砂時計でキッチリ時間を測って、いつも美味しいゆで加減で食べられるのであった。いかにも几帳面なドイツ人の日常を垣間見た気がする。

ハイルマン氏は精密機械部品を扱う商人である。しかし、彼の自宅向かい側にある事務所にそうした品物が置いてあるのではなく、そこにはたくさんのファイルが詰まった大きな棚とデスクがあるのみだ。時折、秘書が打つタイプライターからは、まるで機関銃を撃つような小気味いい音が響いていた。

私は、ハイルマン家の居間に座っていた。時計が腹の底に響くほど重々しい響きで八時を打った後は、また時を刻む音しか聞こえてこない。その大きな時計の反対側に、これまた葡萄の彫りものの付いたどっしりしたこげ茶色の本箱が置かれ、中央のガラス扉の上にはミネルヴァの梟がとまっていた。これはハイルマン夫人のお爺さんの愛用品であったというのだから、もう百年近い品なのだろう。時が静かに、そしてゆっくりと流れていく、こんなにも素敵な家に招待してくれたハイルマン夫妻に感謝だ。

ハイルマン氏は十八歳のとき、ロシア戦線で負傷して片足を失くしてから、ずっと義足を付けている。双子だった彼はヴァルターという名の兄弟を戦争で失い、その後、自分の息子に同じ名をつけたのだという。彼はデスクの電話を私のためにセットしてくれていた。つまり「９」のボタンを押すだけで私はいつでも日本の家族と話すことができる訳だ。まだパソコンや携帯電話などなかった時代、これは大変にありがたいおもてなしであった。どうか遠慮しないで使ってくれと言われて、私はほぼ毎日自宅に電話していた。

ハイルマン夫妻

婦人は先ほどからずっと台所で家事をしている。部屋を出ようとすると、「日本のお天気はどうですか？」と聞かれた。

「今日はとても良い天気だったそうですよ。もっとも、冬の東京はほぼ毎日が晴れですけどね。今度はぜひ冬、日本にいらっしゃいませんか」と言うと、「でも、寒いのはあまり好きじゃありませんわ」と夫人。ドイツ人にとって、当然の答えだった。

ご夫妻に招待されて、昨晩十二時近くまで市の大ホールでヘンデルの「メサイア」全曲を聴いた。八時開演で、四時間も続くコンサートである。われわれが到着したとき、すでにロビーは着飾った人々でいっぱいだった。顔の広いハイルマン氏は多くの人たちと挨拶を交わし、その中の何人かには「日本からやって来たお客さまですよ」と私を紹介してくれた。見渡したところ、観客のなかに日本人は一人もいなかったけれど、演奏するゲッチンゲン交響楽団のなかには数人の日本人が入っていた。ドイツに留学する日本人演奏家たちは皆非常に優秀なので、ドイツの楽団が団員を公募すると、日本人に決まるケースがとても多いらしい。そこで最近はさすがに、もっとドイツ人を優先すべきという意見もあるという。

素晴しいコンサートだった。個人的な印象では、バスの声量がもの足りなくてちょっと残念であったけれど。テノールのアメリカ人は実に落ち着いた歌いぶりである。しかし、何と言ったらいいものか、卒なく無難にまとめているという感じがして、あまり感動しなかった。ソプラノは金髪、アルトは黒髪の美女である。

休憩のとき、ハイルマン氏は白ワインのグラスを片手に、

「私はソプラノの、あのポーランド美人が特に気に入ったね」と、満足気である。

「僕は、どちらかというとアルトの美女のほうに関心がありますね。歌もうまいし、エキゾチッ

クなあのアラブ風な佇まいにしびれました」

夫人が現われて、美女についてのわれわれの会話はそこまでだ。

再び演奏が始まると、先ほどの黒髪の彼女の歌う場面が増えて、私はますます目が離せなくなってしまった。でも、歌い終わった彼女が座ってしまうと、その美しい顔が譜面台の蔭にすっぽりと隠されて、がっかりだった。

ハイルマン氏は自分の趣味の工房を見せてくれた。中央に大きな木の机が置かれ、壁にはいくつもの大工道具がすぐに取り出せるよう綺麗に並べられ、その向かい側の棚には、さまざまな大きさのネジや釘がいくつもの瓶に収められていた。これほど整然と機能的に美しくまとめられた工作室を私は見たことがない。

「ここでいろいろなものを作っていると、時間はあっという間に過ぎてしまうよ」

「あなたにとっての安らぎの場なのですね」

「君の、仕事場、書斎だって同じだろう」

「まあ、そうですが、僕のところはこれほどきちんと整理したことは一度もありません。ところで、狩で射とめた動物の剝製もここで作る？」

「まあ、ときどきね」

猟銃を片手に、ドイツの森やオーストラリアを旅するのが彼の一番の趣味なのである。

あるドイツ人女性によると、「一九二〇年代生まれのドイツ人男性は、会社でも家庭でも一般にとてもよく働く」のだそうだ。しかしその後、三〇年代生まれの男性たちは、少なくとも家庭では一切何もしない人が多いらしい。同じドイツ人なのに、たかだか十年ほどの差でここまで性格に差が出るのは恐ろしいほどだという。二〇年代生まれのハイルマン氏は確かに勤勉、真面目、そしてよく働く。一方、私の良く知っている三〇年代生まれのドイツ人は仕事は良くするものの、彼が家事をしている姿を見たことは一度もなかった。考えてみれば、日本でもいわゆる「団塊の世代」にはよく働くという点で、似たような性格があるかもしれない。

日本人が清潔好きなのは有名だが、ドイツ人もこれに劣らない。

ホテルひとつを例に上げても、ドイツの場合、安宿であっても一般に非常に掃除が行き届いていて満足度が高いのに対して、南ヨーロッパの安宿はだいたいが汚くて、その違いは一目瞭然である。ハイルマン家のバスルームには塵ひとつなく、バスタブからトイレ、床、壁に至るまで家政婦が毎日ピカピカに磨き上げる。あまりにも綺麗すぎるので、私はいつも水をこぼさぬよう細心の注意を払う。何しろ、髪の毛一本落としても、すごく目立つのである。また、バスタブ横にはカーテンがなく、周辺には絨毯が敷かれているので、シャワーを浴びる際にも同様の注意が必要なのだ。温泉好きの日本人の感覚としては、ご夫妻が毎日いったいどんなふうにシャワーを浴びているものやら、不思議ではあった。

その日は朝シャワーを終えたとき、ちょうど出勤してきた秘書に出会って挨拶をした。

「グーテン・モルゲン！」

チャーミングな彼女の笑顔に、素敵な一日が始まる予感がした。珈琲の香りが漂って、自分がこんなにも幸せでいいのだろうかと不安になるほどだ。

朝食のとき、夫人が唐突に、「私、ギリシャ人は好きではありません」と言う。

「どうしてですか？」

「だって、彼らはことごとく怠け者なんですもの」

「怠け者は嫌いですか？」

「ええ、イタリア人もどちらかというとあまり好きではありません」

なるほど、「勤勉は美徳」というのが、世界広しといえども日本とドイツだけということが良くわかった朝であった。


ハイルマン氏は窓辺にゴムのパチンコを置いて、鳩が飛んでくるとガラス容器に入れた色とりどりのビー玉を込めて勢いよくゴムを引く。鳩はベランダを汚すし、草木の芽や苗をみんな食べてしまうのだという。

「たまには当たることもあるんだよ」

そう言ってにやりと笑う彼の顔には、どことなく悪戯小僧の面影が残っている。

私が北ドイツへやって来た目的のひとつは、一九七五年に観光道路として整備されたメルヘン街道を訪れることであった。

収集童話（昔話）そのものは本来、場所も時代も特定するものではないのだが、それでも電車など走っていない片田舎には、ひょっとするとまだ古き良き時代の雰囲気が残っているかもしれなかった。私がレンタカーを借りて独りで走ろうと考えていたところ、親切にも夫妻が二日の予定で一緒に行こうと言ってくれたので、この申し出をありがたくお受けしたのである。

空一面がどんよりとした灰色に染まっていた朝、われわれはまずハーメルンに向かって出発した。ハノーファーからは四十キロほどのドライブである。春先のうっすらと靄のたなびく田園地帯を、ハイルマン氏が運転する大きな緑色のベンツは快適に走っていた。曇ってはいても、北ドイツの厳しい天候を考慮するなら、雪や雨が降らないだけでも幸運といえただろう。それにしても、途中で、ほんの少し、雲間から眩しい太陽が顔をのぞかせたときの夫妻の喜びようは忘れがたいものであった。

「太陽がやって来たぞ！（Die Sonne kommt!）」

ハイルマン氏が大声で叫んだ。

「素敵ね。私たちを祝福してるみたい」

夫人もやや興奮しながら手を叩く。北ドイツの人々にとって、冬の太陽がいかに珍しいものであるかがよくわかる一瞬間であった。

ハーメルンは、「ハーメルンの笛吹き男」(本来のタイトルは「ハーメルンの子供たち」Die Kinder zu Hameln)で良く知られている街である。この話が載っているのは『グリム童話集』ではなく、同じ兄弟が編纂した『ドイツ伝説集』のほうなのだけれど、世界的な超ベストセラーである「童話集」に較べて「伝説集」がほとんど知られていないのは、それが夢とファンタジーに溢れている童話とは違ってあくまでも事実を主体とするため、そうした魅力に乏しいせいなのかもしれない。「ハーメルンの子供たち」(二四五)には色とりどりの奇妙な服を着た男がハーメルンの町に姿を現したのは一二八四年六月二十六日朝の七時と実に具体的に書かれ、この出来事はあくまでも本当のことだと伝えようとしているのである。

「ハーメルンの笛吹き男」

彼は「ネズミ捕り男」と名のり、ネズミの害に困っていた街の人々に、代金と引き換えにネズミ退治をしてやろうと申し出たのであった。みんなが頼むと男は小さな笛を吹きだして、それと同時にすべての家々からネズミが這い出してきた。すぐに彼はネズミたちを従えて街を出て、近くのヴェーザー川の中へ入って行ったので、後に続いていたネズミはことごとく溺れ死んでしまったのだ。

本来はこれで一件落着のはずなのに、話はさらに続いて行く。ネズミの苦難から解放された人々が、あろうことかネズミ捕り男への支払いを拒否したのである。そこで、怒った男がまた例の笛を吹きだすと、今度は町中の子供たちが出てきて彼の後について行ってしまったのだ。結局、総勢一三〇名の子供たちが男と一緒にハーメルン近郊にある丘の穴の中に消えてしまったという。

この出来事は市台帳に記入され、市庁舎には次のような銘文が刻まれることになった。

主キリストがお生まれになって一二八四年後
ハーメルンに生まれし一三〇名の子等
笛吹き男と共に
ケッペン山の中へと消えゆく(Grimm Deutsche Sagen1:Insel. 拙訳)

何とも奇妙な言い伝えである。同じ「伝説集」の二四六にはやはり「ネズミ捕り男」(Rattenfänger)の話が載っているけれど、こちらの舞台はボヘミアだからハーメルンの話とはまた違ったものだ。いずれにしても、川と肥沃な土地に恵まれた穀倉地帯が昔からネズミの害に苦しめられたことは容易に想像がつく。

この伝説に関するヴァン(Wolfgang Wann)という学者の「子供たちの失踪」についての研究はとても興味深い。簡単に言ってしまうと、一二〇〇年代、すでに慢性的な土地不足で最低限の生活も厳しかったハーメルンの下層民たちが、集団で「乳と蜜の流れるカナンの地」へと移住して行ったのではないかというのだ。シュレージエンとクラクフ、西ガリチア北部、メーレン北部そしてハンガリー南部がその地域であったという。

「メーレン北部のトロッパウを中心とするこの地域は、一二四一年のモンゴル軍の侵入によってヨーロッパで最も大きな被害を受けた土地であった」(阿部謹也『ハーメルンの笛吹き男』平凡社)

大がかりな道路工事をやっていたせいもあってなかなか駐車場が見つからず、ハイルマン氏はとある銀行の駐車場に車を入れてしまった。そこは彼の取引銀行の支店らしく、おかげでわれわれはゆっくりと市内を見てまわることができたのである。ハルムスという名のお菓子屋さんでチョコレートを買ったとき、可愛らしい袋の裏側にドイツ語と英語でハーメルンの伝説が書かれていて、この物語に対する町の人の愛着が感じられた。また、「ネズミ捕り男の家」という名のレストランのプレートにも、金文字で同じ伝説が簡潔に記されていた。町は至るところ十六、七世紀にヴェーザー川流域で発達したヴェーザールネッサンスという様式が軒を並べ、まるで中世にタイムスリップしたかのような印象を受けた。それは北ドイツによく見られる切妻屋根と石壁の彫刻や紋章、そして豪華な飾りと極端に強調されたむき出しの木枠の骨組とを特徴とする独特の建築様式なのである。

市役所近くの可愛らしいローソク専門店には、色とりどりの笛吹き男がデザインされたローソクが並んでいた。珍しいので私は土産にそのうちの数本と、何枚かの絵ハガキを買った。

恩を受けた人が、簡単にそれを忘れてしまうのは日常良くあることだろう。

再び車に乗ったとき、私はふとヘミングウェイのある短編を思い起こしていた。戦争中、砲撃にあった兵士が「助けてください」とイエス・キリストに必死に祈るのである。

「もし、助けて下さったなら、今後あなたのおっしゃることはなんでもいたします。あなたを信じ、あなただけがこの世で大切であることを世界中のすべての人に話します」

砲撃は戦線のさらに先のほうへと移って行き、彼は助かった。しかしその後、彼は誰にも決してイエスのことなど話しはしなかったのである。人間は斯様に平気で約束を破ることがあるのだ。

ハーメルンの人々はネズミの害に困っていたとき、笛吹き男に果たしてこの兵士と同じような言葉を口にしたのではなかっただろうか。「咽喉元過ぎれば熱さ忘れる」ということで、これは時代に関係ない人間の悲しき習性のひとつであるのかもしれない。人々が意図的に平気で約束を破ったり、不信を犯すようになれば、恐らく人間社会はいずれ崩壊してしまうだろう。そのような教訓が、この伝説の根底にはあるように思われる。

「雨が降り出してきたね」とハイルマン氏が言った。私は、見開いたままの眼でずっと考えに沈んでいたことに気がついた。ちょうどそのとき、車はかつてたくさんのネズミが溺れ死んだというヴェーザー川の橋を渡りきったところだった。

広い畑のあちこちに枯木林が続いている道を、われわれはヴェーザー川に沿って南下していた。雨はいつの間にか上がって、春霞が木々のあいだをゆったりと流れ、緩やかな丘のところどころに大きな水たまりが硬く凍りついているのが見えた。丘の上を通る道路から麓にあるボーデンヴェルダーの町へは、ずっと下りの道が続いていく。

ここには、ほら吹き男爵ことミュンヒハウゼン男爵が十八世紀に住んでいた屋敷が、今は村役場として残されているのだ。

彼の本名は、ヒエロニュムス・カール・フリードリヒ・フォン・ミュンヒハウゼン男爵(Hieronymus Karl Friedrich Freiherr von Münchhausen:1720-1797)といい、その一族も十二世紀から続く由緒ある貴族なのである。その話は劇作家カール・インマーマンの「ミュンヒハウゼン」やゴットフリート・ビュルガーの続編によって良く知られるようになった。

特に私の印象に残っているのは、森で大鹿に遭遇した男爵がちょうどそのとき、弾がきれていたので、代わりにサクランボの種を銃に込めて撃った小咄である。

しかしてワガハイ、奴さんの両の角の間めがけてズドンとかましました。その一発は奴さんの目をくらます程度の力はあった――フラフラとしましたからな――けれども奴さん、砂塵をけたて逃げ去ってしまったのであります。
その一年か二年の後、ワガハイは同じ森で狩をした。なんとそこへ現われ出でたる見事な大鹿、伸びきった桜桃の木が、さよう十フィート余りもありましたか、両の角の間に生えておった。ワガハイ直ちに以前の冒険をありありと思い出したもんだ。で、この大鹿をばとうに獲得したるワガ物とみなし、一発で撃ち倒したのでありますが、それにより一挙にして鹿の上肉と桜桃肉汁にありつくこととあいなった。（『ほらふき男爵の冒険』新井皓士訳、岩波文庫）

橋を渡ってすぐのところに男爵の館と大きな駐車場、そして前庭には下半身のない馬に跨った男爵の銅像があった。それは、彼が敵の城門に飛び込んだとき、突然格子が下ろされて、馬の後ろ半分が切り落とされてしまったというエピソードを元に作られたものだ。その後、水を飲んだ馬は下半身がないので、とりとめもなく飲み続けたのだというである。この時期、水が固く凍りついていたので気づかなかったのだが、良く見るとそれは噴水になっており、前半分しかない馬の胴体から水が流れる仕組みになっているのだった。

それにしてもわれわれ以外、あたりには誰もいなかった。私はどんな顔をしていたのだろう。

「夏になると、ここへはたくさんの観光客が訪れてくるのよ」

ハイルマン夫人が、ハノーファーの美しく響くドイツ語で、優しく教えてくれた。

ボーデンヴェルダーを後にして、再び同じような景色のなかを同じようなスピードで、ヘクスターの町に着いた。「疲れたなら、いつでも運転を代わりますよ」と私はハイルマン氏に言っていたのだったが、「ドライブは私のもうひとつの趣味なのさ」との答えなので、それ以上は何も言わなかった。町のはずれにコルヴァイという古い修道院があり、そのなかのレストランで昼食を取ることにした。

ここに、昔のドイツ国歌「世界に冠たるドイツ」(Das Lied der Deutschen)を作詞したホフマン・フォン・ファラスレーベンの墓がある。竪琴の彫りものがある大きな墓石の上に厳しい顔をした銅像がのっていた。彼はグリム兄弟に協力して『グリム・ドイツ語辞典』の編纂に加わったりもしていたのだが、最初私は彼を、E・A・ポーにも影響を与えたあの幻想怪奇の作家E・T・A・ホフマンと勘違いしていた。

われわれ三人が談笑していると、レストランの主人が綺麗な写真の載ったコルヴァイのパンフレットをプレゼントしてくれた。それを見ると、このすぐ裏手にはヴェーザー川が流れ、夏には汽船も走るらしい。初夏には赤や白の薔薇が咲き乱れ、とても素晴らしいのだという。ピンクの蝋燭が灯った清潔なテーブルで赤ワインを飲み、旨い肉料理を食べたけど、残念ながらその料理の名前は忘れてしまった。

「今年の秋にまた日本にいらっしゃいませんか。今度はぜひ富士山までドライブしましょう」夫妻に聞くと、「ぜひ、そうしたいと思っている」との答えだった。

「前回泊まった銀座近くのホテルがとても気に入っていてね。おいしいレストランも多いし、お芝居を見るにも便利だった。それから、日本産の白ワイン。試しに飲んでみて、日本にもこんなに素晴しいワインがあるのだとびっくりしたよ」

夫妻を迎えに行って都内を走ったとき、ハイルマン氏が何枚も写真を撮っていたのを思い出す。広々としたアウトーバーンはほとんどが直線だから、確かに東京の首都高速のようにカーブと立体交差の多い道路が彼には珍しかったのかもしれない。

ちょうど反対側のテーブルにはもうひと組の客が座って、やはり赤ワインを飲んでいた。東洋人の若い女性と国籍不明の感じがする金髪の紳士で、二人は英語、そしてときどきは思い出したようにドイツ語で話していた。彼女は視線があったとき、軽く会釈をして、明らかに私が日本人とわかったようだ。いずれにせよ、こんな片田舎で東洋人と出会うのは珍しいにはちがいなかったけれど、彼女がどこの国の人であったのか、私には結局わからなかった。

カッセルのグリム博物館の前はまたまたどこも満車。しかし幸運にもタイミング良く路上駐車の車が一台出てくれたので助かったのである。

平日のせいか、館内にはほとんど来場者はおらず、われわれはゆっくり展示物を見学することができた。兄弟の肖像画や彫塑、達筆な手紙や原稿、そしてさまざまな言語に翻訳されたグリム童話の可愛らしい本も飾ってある。受付け横に置かれたサイン帳には多くの日本人訪問客の名が記されて、グリム童話がいかに日本で人気があるかを証明していた。
兄弟が使っていた机や鞄など数々の遺品をずっと見ていると、今にも二人がひょっこりと現われるのではないかという不思議な気にさせられた。画家であった末弟ルードヴィッヒのスケッチなどは他では見たことのないものであった。グリム兄弟は弟が三人と妹が一人、つまり合わせて六人の兄弟だったのである。

カッセルにあった「グリム兄弟」という名の本屋で、私は兄弟の四番目の弟フェルディナントが書いた本を手に入れた。そのタイトルは『知られざるグリム』(Der unbekannte Bruder Grimm)という。ありがたいことに、受付で夫妻はグリム兄弟についての文献が揃っている書店の名を聞いてくれていたのである。店を出ると三人とも急に疲れがでて、ぼちぼち戻ることにした。

再びアウトーバーンに入ったとき、あたりはもうすでに薄いプロシャンブルーの靄に覆われていた。私は心地良い疲れと満足感に浸っていたけど、ハイルマン氏は黙々と車を走らせていた。やがてエンジン音が少し高まったのでスピードメーターを覗いてみると、それは二三〇キロを指していた。そして、ハノーファーまで一〇〇キロほどの道のりを彼は三十分で走り切った。

［3］イギリスの片田舎　ジェームズ・ロイド・カーとの日々

ロンドンのキングスクロス駅を十七時四十分に発車する列車で、私はジェームズ・ロイド・カーの住むイギリス中部の町ケッテリングへと向かっていた。

列車は動き出すと間もなく窓の外に夕闇せまる落ち着いた牧歌的風景を映し出した。まだ三月初旬だというのに、芝生は濃い緑で、ところどころに思い出したように枯れた樹々が大きなシルエットを描いていた。こんな景色は、ヨーロッパでも恐らくこの国にしかないものだろう。

以前、私がケッテリングを訪れたのは十年前で、その間にジム・ロイドは最愛の妻サリーを亡くしていた。私の今回の目的地はミュンヘンで、イギリスに来ることは考えていなかったのだが、数年ぶりに出したジムへの手紙の返事で、突然のサリーの死去を知ったので急遽イギリスまで足を伸ばしたのである。

本来は、二年ぶりのドイツと、アルプスを越えて北イタリアあたりに長く滞在するつもりだったのだけれど。出発前に出した手紙に返事はなかった。あるいはそれは間に合わなかったのかもしれない。もし彼に会えないのだったら、一日か二日だけロンドンに留まって、すぐにドーバーを越えてベルギーに渡ろうと考えていた。今のようにメイルなどという便利なモノはなかったし、それどころかまだファックスさえなかった時代である。

飛行機が予定通り三月一日朝六時にヒースロー空港に到着したときには、一面灰色の霧に覆われ、濡れた緑の芝生がやけに目につくだけであった。十年前も同じような天気だったのを思い出す。あの時に私の祖母と泊まったヒルトンホテルは、ＩＲＡのテロによってエレベーターが爆破され、客は全て荷物運搬用のエレベータを使わざるを得なかったのだ。

今回は一人だったから、地下鉄ですぐにラッセル・スクエアに向かい安宿を探すことにした、というのもその場所は大英博物館やキングスクロスにも近く、非常に便利だった記憶があったからだ。ドイツと同じ感覚で、エレベーターを使わずに地下鉄の階段を上りだしてから私は後悔した。ドイツ以外のヨーロッパの地下鉄は一般に地下シェルターのような役割をしていて、ホームは相当に深い場所に造られていたのだ。二度も戦争を引き起こしたドイツが、シェルターを兼ねた地下駅を作るのを周辺国が許すはずもなく、ドイツの地下鉄は町の中心部だけ申し訳程度に地下に潜って、それ以外はほとんど地上を走っている。

車の渋滞する大通りを抜けて、ラッセル・スクエアから裏通りに入ったところの小さなホテルに泊まることにした。小さいとはいっても一泊十五ポンド、それに税金が一・五ポンドほどかかるから、決して安くはない。ロンドンはニューヨーク同様、最もホテルの高い都市である。

ジム・ロイドが家にいるかどうかわからないのは何とも不安だった。あまり早く電話をかけても悪いので、遅い朝食の後、十一時頃ダイヤルをまわしてみた。もし留守だったら、夜になってもう一度試してみようと思いながら、少しの不安もあった。二十回近くコールして、まさに受話器を置こうとしたそのとき、電話の向こうから太く懐かしい声が響いてきた。

「やあ、君か。元気かね。いつ着いたの？」

「今朝、着いたばかりです。時差でまだ少しボーッとしてますが……」

「そうか。でも、元気そうで結構！」

その後は何を話したのか覚えていない。久しぶりに彼の声を聞いた懐かしさと、少しばかりの疲れとで、私は頭がだいぶ混乱していたようだ。結局、明日の夕方ロンドンを発つ列車でケッテリングを訪問することになったのである。

十五年前のジムとの出会いは、マドリッドからグラナダへ向かう夜汽車のなかであった。眠れぬまま私は、通路の窓辺に佇みながら星を見ていた。レニングラードからずっと列車で南へ向かっていたのではるかな南国へ来た感じがしていて、もうそろそろ南十字星が見える頃だろうかと錯覚していたのである。隣の車室から現われた五十代の紳士が、低音の綺麗な英語でこちらに話しかけてきたのはそんなときであった。

「あなたも眠れないの？」

「ええ、まあそうです」

「あなたは中国人？」

「日本人です」

「ほう。実は私は一九三五年に日本に行ったことがあるんだ。箱根で道に迷ってしまってね。その時、マキノさんという貴族の別荘に泊めてもらったんだ。とても礼儀正しい婦人と息子さんがいて、あまりに流暢に英語を話すのでびっくりした」

「そうですか。残念ながら私は当時まだ生まれておりませんでした。でも日本は敗戦後だいぶ変ったのですよ」

「まあ、そうだろうね」

紳士はさもありなんとばかりに頷き、窓の外に目をやった。遠くに黒い山々の連なりが見え、空には降るような星星が瞬いていた。

「南十字星でも見えないかと思っていたところです」

「いやいや、ここじゃ無理だよ。もっとずっと南、アフリカの赤道直下あたりまで行かなきゃね」

後になって地図を見ると、マドリッドですら日本の東北地方と同じくらいの位置にあるのだから、南十字星など全く見えるはずもなかったのだ。後年、私は南の国々で南十字星を目にするたびに、このときのことを思い出したものだ。

プロシャンブルーの闇に包まれた長いプラットホームの、中央にある駅舎のところだけがオレンジ色の明かりに照らし出されている。その前に立つ帽子を被った老紳士がジェームズ・ロイドであることはすぐに分かった。われわれは、つい昨日別れた友人同士が再会したかのように握手を交わした。小さな駅前広場には、たった一台彼の車だけが止められていた。ずっと愛用していた黒いイギリス車から、今は紺の日本車に乗り換えたのだという。

「一年前から乗っているけど、一度の故障もないし、私はとても気に入っているよ」とジム。

「ヨーロッパもアメリカも、最近では日本車が溢れだして、いろいろ締め出しをくっているようですが……」

「残念ながらね」

車は人影のないケッテリングの町中を抜けて、なだらかな坂を上ったり下ったりした後、ミルダーレ通りに到着した。ジムは実にゆっくり車を走らせる、完璧なほどの模範ドライバーである。車の運転にも穏やかで優しい性格が現われていることに、私は納得する。

「どこが私の家か覚えているかね？　通りの右側か左側か？」

車を徐行させながら、太い落ち着いた声が響く。十年前に伺ったときは、サリー夫人が作ってくれた昼食を御馳走になって、その後すぐロンドンに引き返してしまったので、私の記憶は非常に曖昧であった。それでも微かな記憶を頼りに「右側だったと思う」と言うと、「その通り」という答え。

「では、どの家だと思う？」

再びそう聞かれると、夜だったし、はっきりは分からなかった。しかし家の前に林檎の木が植えられていたのを思い出したので、二、三軒先の家を指差して、「多分、あの家じゃなかったかな……」と言うと、「君の記憶は素晴しい！」。ジムは喜んで、車をさっとその家の横に入れたのであった。

室内は昔と全然変わっていなかった。濃い緑の壁紙の上に数枚の風景画が飾られ、暖炉では穏やかに赤い火が燃えている。そして窓辺には、犬の形をしたブックスタンドに彼の著書が数冊挟まれていた。最大の変化は、彼の妻サリーのいなかったことである。私は淡々と書かれたジム・ロイドの手紙の文面を思い出した。

「二年前に私は最愛の妻サリーを失いました。彼女は不死の病に冒されていましたが、そのことを私は決して彼女には言いませんでした。今、私は、彼女を失くした悲しみに負けず、以前同様作家活動を続け、つい最近マコーネル文学賞を受賞しました……云々」

ジムは家のなかの模様替えをしたくはなかったのだろう。そこにはいたるところ、あの優しかったサリーの面影が残っていたのだから。

夕食はジム手作りのチーズ、そして近くの肉屋で買ってきた生ハム、ポーク、そして紅茶だった。パンはオーブンで焼いたトースト。パンを焼いて食べるのが少ないドイツに較べて、このあたりやはりイギリス的といえるだろう。それにしてもジム自身は麦酒もワインもスコッチも飲まない。

「日本で、君の家族は元気かね」

「ええ、皆とても健康です。祖母はぼちぼち九十歳になります」

「ほう、それは結構！」

実は十年前にケッテリングを訪れたとき、私は祖母と一緒だったのである。そのとき、ジムとサリー夫人は、ロンドンまでわれわれを車で送ってくれたのだ。

私は紅茶を何杯もお代わりした。暖炉が燃え上がる音以外には何も聞こえず、ふと何年も前からここに住んでいたような不思議な気持ちになってもいたのである。

ケッテリングの町でカー氏と祖母と著者

そのときジムが、昔一週間だけ立ち寄ったことのある日本の話を始めた。
「私は一九三〇年代に一年間、アメリカでイギリス語を教えていた。それ以前は教員だったけど、もっと世界を見てまわりたいと思っていたんだ」
「当時の日本は如何でした？」

「日本人というのは実に礼儀正しい民族だと感心した。東京に二日ばかり滞在して、それから、以前君に話したように、箱根に行ったんだ。そしたら道に迷ってしまってね。夕闇に覆われた淋しい野原のなかにポツンとひとつの明かりが見えたときには、本当に助かったと思った。私はその小さな明かりだけを頼りにどのぐらい歩き続けたものか、玄関の前にやって来たときには、あたりはもうすでに真っ暗になっていた」

「今、箱根は観光客で溢れていますよ。昔は良かったでしょうね」

「私はあれ以来日本に行ったことはないから、何も言うことはできないけど、まあとても綺麗なところだった」

「マキノさんとはその後、何か交流があるんですか」

「いや、何もないんだ。君、もしわかるなら調べてくれないかな。当時の有名な貴族のようだから。大きな館の扉が開くととても大柄な婦人が立っていて、流暢な英語で対応してくれたんだ。それにも驚いたよ。何しろ、東京じゃまるで通じなかった言葉が、箱根で通じるのだからね」

「わかりました。調べてみましょう。今すぐに思いつくのは吉田茂の岳父だった牧野伸顕ですが、恐らく、この人の別荘だったのではないでしょうか。当時、彼は伯爵だったはずです。いずれにしても、はっきりしたらご連絡しましょう」

「ところで」と彼は思い出したように立ち上がり、隣の部屋へ行って古新聞を手に戻って来た。

「こんなものがあるんだが読んでくれないか。なんて書いてあるのか……」

古い活字で印刷され黄色に変色したその新聞には、大日本帝国海軍の戦艦「武蔵」が英国の駆逐艦を撃沈したと大きく書かれていた。紙面中央には「武蔵」の写真と、町中を日の丸片手に提灯行列する人々の写真が載っている。子供たちは着物に下駄、大人もある者はズボンをはき、ある者は着物を着て帽子を被っている。人々の表情は皆、嬉々として明るく、数年後に訪れる破滅を予想している者は一人としていないようだ。私は書いてあった通りを彼に伝えた。少しばかり嫌な役目ではあったけれど。

組んだ足の上に両手を置いて、ジムはやがて静かに話し出した。

「第二次世界大戦は、いわば仕方のない戦争だったのかもしれない。ヒットラーのナチス・ドイツがユダヤ民族を虐殺し、ヨーロッパはナチズムに侵略されたのだからね。われわれが嫌がっても敵が攻めてくる、まあ、このところドイツとは宿敵のようだけど……」

彼は笑って、暖炉に槇を投げ入れ、さらに話し続ける。

「しかし、ねえ、第一次世界大戦は、全く意味のない戦いだったのではないだろうか」

「ヨーロッパから遠く離れた日本は、おかげでとても好景気だったようです。成金も増えたし、まあ、漁夫の利といったところでしょう。でも、そんな甘い体験が太平洋戦争へ日本人を駆り立てたのかもしれません。満州事変から敗戦までは一直線です。もっとも、戦の種はすでに日露戦争の頃から蒔かれてはいたのでしょうが。祖母は、日本がロシアに勝利して人々が狂喜していた日のことをつい昨日のことのように思い出す、とよく言っていました」

ジムは紅茶を勧めると、自分でも熱い湯を茶碗に注いだ。身体が急に温まって、ほろ酔い気分になってくる。

「ねえ、君、アメリカはなぜ日本に二度までも原爆を投下したのか考えたことがあるかね」

唐突な質問に少々びっくりするが、私も彼のように両腕を組み、楽な姿勢になってから答えようとする。しかし、あまりにもシリアスなテーマに正確な意見を伝えようとすると、なかなか適切な単語が浮かんでこなかった。

「恐らく、ひとつは日本がヨーロッパではなく、アジアの島国だったからでしょう。逆にドイツはドレースデンの大空襲などあったものの、ヨーロッパゆえに原爆を免れたのではないでしょうか。いずれにしてもこの巨大な殺人兵器の使用は、全人類の滅亡をもたらすものです。しかもアメリカはその悪魔の兵器を一般市民に向けて、ほぼ無差別に使用し、これによって殺されたアメリカ人もいたのではないか。ナチスの犯罪はユダヤ人の抹殺を図ったけれど、アメリカは無差別に大量殺戮兵器を使用した、つまり考えようによっては、アメリカの戦争犯罪のほうが罪深いのではないのかとさえ思われるのです。決して比較の問題ではありませんが。一部のアメリカ人がよく主張している、こうでもしなければ日本は決して戦争をやめなかった、などという主張は全くの詭弁です」

「確かに、アメリカは自国の兵士たちの命を守るために原爆を落としたということはあるのだろう。しかし、それなら広島だけで十分だったはずじゃないか。何も、長崎にまで落とす必要はなかった。あるいは新型爆弾の威力を示したいというのだったら、日本のどこか近海にでも落せばよかったと思うのだが」

「確かにそうですね。そのようなことはあまり考えたことがありませんでした」

「アメリカは自分たちの超強力兵器を日本人たちに見せびらかすのに、むしろ東京近くの海に原爆を落とすべきだったのではないだろうか。どうせ落すなら、こちらのほうが死者は少ないだろうし、多くの日本人に対する強いメッセージにもなったのではないか」

「そうかもしれません。当時、軍部は広島に落ちた爆弾のことすら国民には隠し通そうとしていたのですから。新型爆弾とはいいながら、一般にその凄まじい破壊力まではなかなか伝わっていなかったようです」

私はジムの考え方を全面的に支持したいと思っていたけれど、これ以上のことは口にしなかった。暖炉はとても心地よく紅茶も美味しかったし、それに十年ぶりに出会った友と、いきなり、戦争の話で論争する気にはならなかった。時差のせいで少し眠くなった。あるいは私はときおりこっくりと眠ってしまったのかもしれない。「シャワーを浴びておいで」という彼の言葉で、二階のバスルームへ行き、存分に熱いお湯を浴びた。

すっきりした気分になってから再び居間に戻ると、ジムはゆったりと椅子にもたれてテレビを見ていた。アガサ・クリスティーのとても面白い連続ドラマなのだという。一緒に見ていても、独特の英語表現はあまりよく理解できなかった。一般的な文学作品と違って、ミステリーや探偵ものは私にとって少しばかり難しい。それが終ると、われわれはまた思い出したように話し始めた。スペインでのこと、絵画のこと、イギリスの作家たちについてなど。ジムと話していると、いつだって大いに盛り上がって、四十歳近い年の差など一遍にどこかへ行ってしまう。気がついたとき、時計はすでに午前一時半をまわっていた。

二階の窓辺から、霧に覆われた家々が見える。目覚めたのは八時少し前であったろうか。昨晩、ジムは電気シーツをベッドに入れておいてくれたので、暖かくて横になるとすぐに眠りこんでしまった。寝る前にシーツのコンセントを抜くようにと言われていたのを思い出して、それを引き抜くとすぐに熟睡してしまったようだ。

枕を胸の下に当てて両手で顔を支えながら、外を眺める。どの家も同じ煉瓦造りで窓枠のところだけが白い縁取りがされていた。その裏手には緑の野原が広がり、その上を薄い霧がゆっくりと漂って行く。室内に目を移すと、壁にジムの小さな肖像画がかけられ、そのすぐ下には彼の本に対する秩父宮妃殿下からの感謝状が飾られていた。その文面は、エリザベス女王が日本を訪問した折に、ジェームズ・ロイド・カーの本をプレゼントされたことへのお礼のようだ。

ゆっくり起き出して下へ降りていくと、ジムはすでに台所で朝食の準備をしているところだった。居間では暖炉が燃え、静かな落ち着いたイギリスの日曜日が始まっていた。朝はトーストに彼手作りのマーマレードと紅茶、テーブルのミカンはセビリア産である。

「よく眠れたかね」

「ええ、とても。横になって気が付いたら、もう朝になっていました」

「それは良かった」

「でも、日本には電気毛布はあるけど、電気シーツというのはあまり一般的ではありません」

「ほう、そうかね」

ジムは、愉快そうに声を出して笑う。ナプキンで口のまわりを拭き取る動作も、少しお爺さんになった感じで、見事な銀髪の中央部分も、ちょっと薄くなっている。

「ところで、ジム、いくつになったの?」

「七十だよ。君と一緒にアルハンブラ宮殿を訪れてから、もう十五年も経つのだから早いものだね」

「あの頃はサリーもすごく元気でしたね。私は、白い花に顔を寄せていた彼女の姿をつい昨日のことのようによく覚えていますよ」

サリー夫人のことを口にして、一瞬私はしんみりした気分になってしまった。そして、早めに彼女のお墓にお参りしたいとも思ったのだ。だからジムに、「ちょうど今日は日曜日だから、教会ミサに行こう」と誘われたときにはすぐに外出の支度をしたのである。

霧はいつしか小雨に変わっていた。ジムは帽子を二つ用意して、ひとつを私に勧めてくれた。

われわれが教会近くの駐車場に車を止めたとき、ちょうど塔の鐘が鳴り始めた。肌寒い朝で、人々は皆身体を丸めながら黙々と教会へ向かって歩いている。われわれも教会の裏手から、横にある細い通路を足早に正面玄関へと歩いて行った。途中でジムは突然足を止めると、小さな苗木を指差して、「ここにサリーがいるんだ」とだけ言った。

一瞬、私は何のことか全く理解できずにいた。彼が指差した先には、割り箸のような一本の棒が地面に無造作に突き刺さっているだけだったからである。しかしそれはまさに彼の言葉通りだったのだ。「これは薔薇の苗木だ。夏になればたくさんの白い花を咲かせるはず、それでもう十分さ。彼女が薔薇好きだったのは君も覚えているだろう」

優しく、いつも微笑みを絶やさなかったサリー夫人、彼女はその細い苗木の下で眠っていた。墓石も墓碑銘も何もなく、バラの苗木一本とはなんと質素なお墓であったことだろう。われわれは降りしきる小雨のなかで帽子を取り、しばし黙祷した。そのとき、私には微笑むサリー夫人の優しい顔がチラリと見えたような気がした。このときから二年後の夏の日、私が再びジムと一緒にこの教会を訪れたとき、そこには白い薔薇の花々が咲き乱れていたのである。

鐘の音が、急に大きく響いてきた。

礼拝の始まる前に、ジムは教会の塔の上に私を案内した。そこでは五、六人の男女がロープを上下に引いて鐘をついていた。結構力のいる労働だと思うが、人々の表情は生き生きと明るかった。中年の婦人が微笑みながらわれわれに声をかける。

「あらジム、お元気?」

「とても元気だよ。あなたも元気そうで何より。日本からのゲストに、どんなふうに鐘をつくのか見せたいと思ってね」

「そうなの。東洋の方には、きっと珍しいでしょうね」

婦人は相変わらず頬笑みを絶やさず、またロープを上下させる動作も止めることなく、私に向かって言った。

「ようこそ、ケッテリングへ。ロンドンにお住まいなんですの?」

「いいえ、私は旅行者です。二日前に日本からやって来たばかりです」

婦人は一瞬意外だという顔付をした。その表情には、日本を出てはるばると真っ直ぐにイギリスのこんな田舎町へやってくるとは、何というもの好きな人なんでしょうと書いてあるような気がした。

「じゃあ、学生さんですの?」

「いや、彼は教師だよ」

ジムが代わりに答えてくれる。一般に、イギリス人は日本人を見るとすぐに留学、あるいは遊学の学生と思ってしまう傾向があるようだ。逆に言えば、それだけ日本からのイギリス留学生が多いということなのかもしれないけれど、それにしても未だに西洋が東洋よりもはるかに進んでいると考えている人が多いという証左かもしれない。

他の人々も婦人同様好意的で、私にもロープを握るように勧めてくれたりしたのだ。いくつか詳しい説明をしてくれた人もいたけど、残念ながら大きな鐘の音の真下で、半分ほどしか聞こえなかった。やがて礼拝の時間になり、われわれは何度も礼を言いながら、再び階段を下りて行った。

ジェームズ・ロイドは、まるで若者のような実に張りのあるよく通る声で元気に讃美歌を歌う。私は遠い昔、クリスチャンであった祖母に連れられて行った教会で、毎週讃美歌を歌ったのを思い出す。預言者ヨハネやマリアやイエスの話は、子供心にも人智を超越した何かしら絶対的なるものの存在を予感させたものだ。私自身はクリスチャンにはならなかったけれど、神の不思議な話や見知らぬ国々の出来事には大いに興味があったのである。牧師は澄んだ声で静かに説教していた。

入口で手渡された小さな紙には主の御言葉が印刷され、われわれは時折立ち上がっては何度もそれを朗読して祈りを捧げた。隣にいた婦人が親切にも、適時、指でどの個所を読んでいるのかを教えてくれた。ジムは目を閉じたまま熱心に祈っていたから。途中、一人ひとり牧師の前に進み出てひざまずき、丸いマルチパンと聖なる赤ぶどう酒を一口ずつもらうのだった。その間、聖歌隊の子供たちはずっと讃美歌を歌い続けていた。

礼拝が終わるとジムは教会の知人たちに、「日本の友人だ」と言って私を紹介した。人々は皆とても好意的で、この東洋人を別段珍しがるわけでもなかった。何人かは私をロンドンから来た学生だと思っていたようではあるが。正面玄関の上には大きな十字架が懸かり、その下に三つの細長く窪んだ穴があいて、なかに三体の石像が置かれていた。それらは全てジムが彫ったものなのである。彼は作家であり、彫刻家であり、画家、そして世界的なガーディニアンでもあった。

当時、彼の本はペンギンブックスに六冊入っていて、ひとつの作品『ひと月の夏』(白水社)は映画化され、東京でも上映されたはずである。また、彼の肖像画はロンドンのポートレイト・ミュージアムに入っており、そして自宅庭は、世界のガーデニアン百名を特集した雑誌に載っていたほどである。そう、ジム・ロイド・カーは類まれなる才能とユーモアの溢れる粋なイギリス紳士なのである。

十年前にはまだ中央にマドンナ像が一体置かれていただけだったのが、現在はその左右に新しく祈りのポーズを取った二体の像が付け加えられた。

「石はこの近郊の山から採れるんだよ」と彼が説明してくれる。

ジム・ロイド・カー氏とケッテリング教会まえで

そういえば彼の仕事部屋にも同じ石像が一体あったのを私は思い出した。高さ八十センチほどのその白い聖母像は優しい微笑みをたたえ、表情にはどことなくサリーの面影が漂っていた。

車に戻ってシートベルトをしているとき、ジムは突然、「イエスは人間だったと思うよ」とポツリと言った。私は、どう答えれば良かったのだろう。それ以上、彼は何も言わずにエンジンをかけ、車は人影のない町中に出ていった。雨は霧雨となって、しきりに降りつづけていた。

翌日の午後、二人でドライブに出た。

ウィークリー（Weekly）という面白い名前の村、ここは全て一人の伯爵が所有しているのだとジムが説明してくれる。私は十年前の秋の終りの頃にもここに来たのを懐かしく思い出した。樹々は黄色く色づき、伯爵の館のところだけ真赤な蔦の葉が輝いて、透き通るような青い瞳をしたサリーが、ニコニコしながら楽しげに車を走らせていたのだった。

広大な牧草地の所々で羊たちが草を食んでいる。曲がりくねった道をゆっくり走っていくとはるか彼方に昔も見た記憶のある伯爵の宮殿が見えてきた。それにしても、あたりはひっそりと静まり返って、どこにも人影はなかった。

「伯爵はここに住んでいるんですか?」

「もちろんさ」

この大きな宮殿と荒涼とした敷地は、大英帝国の貴族たちの巨大な力をまざまざと見せつけるものであった。宮殿の前を過ぎて、単調な風景のなかをわれわれは同じようにゆっくりとした速度でドライブを続けた。霧雨のなかで黒々と無数の細い枝を空に伸ばしている樹々は、まるで臓器のなかの毛細血管のように見えた。そして広野に点在する羊の群れは、私にオーストラリアの殺風景な景色を連想させたけど、それは逆で、同じ文化圏のオーストラリアが限りなくイギリスに似ているということなのだろう。

村はずれの小高い丘の上に置き去りにされたようにポツンと立つ小さな教会へ、われわれは車を降りて、ぬかるみに足を取られながら歩いて行った。空は前よりも厚い灰色の雲に覆われ、雨も大粒になっている。とにかく春先の北ヨーロッパは徹底して天気が悪い。残念なことに教会の扉は固く閉ざされ、なかへ入ることはできなかった。

ジムは、このなかに何かとても珍しい物が安置してあると言うのだったが、私にその聞きなれぬ単語の意味は分からなかった。裏手は雑草の生い茂る墓地になっていて、すり減って傾いた墓石がいくつも並び、そのなかのひとつには一七〇一年没という文字を幽かに読み取ることができた。淋しい景色のなかで、私はしきりにジェーン・エアやヒースクリフのことを考えていた。というのも、ここにきて初めて彼らの生きた舞台背景が理解できるような気がしたから。

一羽の小鳥が囀りながら飛び立っていく。雨がますます激しくなったので、われわれは無言のまま車へと戻った。

ジムは先ほどからしきりに電話で話している。相手はストーリー夫人という小説家。彼女はオックスフォード大学の歴史学教授だったご主人を数年前に失くしていたのだが、戦後間もない頃には東京大学に招かれたご主人と共に日本に住んでいたことがあるらしい。ジムは私に受話器を渡すと、「日本語で話してごらん。きっと彼女は少し分かると思うよ」と言う。

初めのうち挨拶を交わしたり、簡単な日常会話をしたものの、夫人は、「やはり英語のほうが私にとっては全然いいようね」と綺麗な声でユーモアたっぷりに言うのであった。日本にいた頃には、北海道や九州、四国、その他多くの地方を旅したのだという。「私はまだ四国や九州も行ったことがありません」と言うと、「私だってイギリスをそれほど知っている訳じゃありません」と愉快そうに笑うのだった。

このときは結局夫人にお会いすることはできなかったけれど、日本へいらっしゃったなら必ず連絡してくださいとお願いしたのである。同僚たちの話から、オックスフォード大学のストーリー教授が非常に優秀で著名な学者であったのを私が知ったのは、それからずっと後になってからであった。約束通り夫人は二年後東京に来て、私は六本木で初めてお目にかかったのだったが、想像していたよりずっと若い、とても感じの良いお婆さんであった。そして私に、日本の思い出をつづった自分の本を贈ってくださったのである。

ほとんど時は停止しているかの如くにゆっくりと進んで行く。ジム・ロイドの落ち着いた住まいのなかでは、あらゆるものが外部の時の流れから隔離されているかのようでもある。ものを考えたり、何かを生み出そうとするには、恐らくこのように静かな雰囲気こそが非常に大切なのではないだろうか。

ジムは朝から台所で熱心に調理をしている。お昼にハロウェイン夫人と食事する約束をしているのだ。

「君は何もすることはないから、居間で本でも読んでいてくれたまえ」とのことで、私は先刻よりジムの作品や読みなれぬ英字新聞を読んでいる。今日も空は一面灰色の雲に覆われている。

「英語は恐らく世界で一番やさしい言葉だと思うよ」と、唐突にジムが言う。

どうやら私はウトウトと居眠りをしていたらしい。暖かい暖炉と時差、そしてきっとゆったりとした時の流れのせいだったのではないだろうか。眠りこむ前、しきりにサリーのことを考えていたのではなかったか。彼女は確かに私のすぐ側にいたような気がする。

ジムは紅茶をかき混ぜながら話を続けた。

「話すということだけに関して言えば、やはり英語は難しくないのじゃないかね」

「そうかもしれません。ある程度、単語を知っていればそれを並べるだけで意志の疎通は可能ですからね。でも、英語以外のヨーロッパ語には格変化があるから、そうはいきません。それにしても、多くの日本人にとってはその簡単であるはずのことがなかなか難しいのです。恐らく、日常生活に何の必要性もないのに無理矢理やらされるからなのでしょう」

「いや、君、こと外国語という点ではイギリス人は世界一下手な民族さ。どこへ行ってもわれわれは英語で通そうとするし、幸か不幸か英語の通じる国は多いのでね。だから逆に、その土地の言葉などまるで覚えようともしないことになる」

「古き良き大英帝国時代の名残でしょうか。キリスト教の影響もあるとは思うのですが、別の問題になりそうだから、やめておきます。確かに英語圏の人で、英語以外の言語を話せる人は極端に少ないですね。面白いことに、日本の英語教師も同様なのです。いわゆる第二外国語という英語以外の言語を教える教員たちは皆英語ができるのに、残念ながら殆どの英語教員は英語しかできません。日本全体が悲しいことに、必要以上に英語を誤解しているのです。ほとんどの日本人が一年のうち英語を話す機会など全くないのに、どうしてそんなに英語英語と騒ぐのか理解できません」

「私は、どうもイギリスの外国語教育は間違っているような気がするんだ。スカンジナビアやドイツなどの英語教育は素晴しいものだよ。それに較べると英語しかできないことに何も感じないイギリス人はまことに情ない」

ジムの話は私には意外だった。というよりも、「英語に弱い日本人」という固定観念ばかりがあって、日本以外の国々の外国語教育についてなどあまり考えたこともなかったのである。だが、「読む」ことに関して漢字文化圏の国では、例えば中国の新聞などを見ても、ある程度の意味を類推することができるではないか。

「さて、出かけるとしようか」

紅茶を飲み終えたジムがおもむろに立ち上がる。それを待っていたかのように、雲間から一瞬眩しい太陽が顔を出した。

ハロウェイン夫人の名を私は何度も発音練習したのだけれど、正しく表現するのは非常に難しく、ジムに何度か直されても、やはりうまく発音するのは困難だった。約束は十二時だから、とにかく出かけようということになった。

ジムはいつもよりもっとノロノロと車を走らせた。というのも、私の両足のあいだに彼が早朝から一生懸命に作っていたシチューの鍋が挟まっていたからである。ハロウェイン夫人がいかに素敵な女性であるかを、車のなかで彼はずっと楽しげに話してくれた。また、彼女はウェールズの出身なので、少しばかり英語が聞きとりにくいかもしれないけれど、注意深く聞いていればすぐに慣れるから心配はいらないということまで補足してくれたのである。ウェリッシュというのは英語に似てはいるが、まるで別の言葉なのだ。そのときまで私はそのようなことにまるで関心がなかったのだが、夫人のところで小学校のテキストを見せてもらったときには、ずいぶんと驚いてしまった。たくさんの挿絵が載ったその薄い本には、まるでオランダ語のような単語が大きく書かれて、私には一言も理解できなかったから。

ハロウェイン夫人は実にチャーミングな美しいお婆さんであった。家が改修中で、居間の壁紙をちょうど剥がしたばかりと大変に申し訳なさそうである。「明日中には新しい壁紙が貼られるはずなんです」。私は、「こちらは突然にお伺いしたのですから、どうか気になさらないでください」とだけ言った。丸い眼鏡の奥で、灰色の大きな瞳が微笑んでいる。彼女に四人も孫がいるなんて、とても信じられなかった。

ジムのシチューは抜群の美味しさで、われわれ三人をすぐに幸せな気分にしてくれた。料理とはまさに文化そのものと言えるだろう。彼がどの分野においても器用にこなすことは十分知っていたつもりだったのに、料理に関しても超一流のシェフに負けないことに驚きを隠せなかった。その後のデザートは夫人の焼いてくれたカステラのようなお菓子。ここにいる限り、イギリス料理が世界一まずいという話はとても信じられないほどの幸せな昼下がりである。

「インディアン・ティーとチャイニーズ・ティーのどちらがお好き?」と夫人に聞かれて、すぐに「チャイニーズ・ティーが好きですね」と答える。でも、飲んでみると、それは紛れもない紅茶の味がした。

ジムがやや早口で夫人と喋り出すと、私にはときおりついていけないことがあった。ウェールズの話題から、次には少数民族のことについて話が変わってきたようである。

「君の国にも、何とかという少数民族がいたね」と、ジムが思い出したように尋ねてくる。

「ええ、アイヌ民族です」

「彼らは日本語を話すのかね」

「ええ、もちろんです」

「どうしてもちろんなのかね」

私は一瞬、答えに窮してしまう。そのようなことは今まで一度も考えたことはなかったから。昔も今も日本政府は、異民族を無理矢理日本人として同化してしまおうと考えてきたのだ。そのためには言語を統一するのが一番の近道という訳だ。植民地時代のヨーロッパ諸国がやったように。

「アイヌ民族が元々の倭人、つまり日本の原住民だったのです」

「彼らが、日本人に差別されていることはないのかな？」

「残念ながら、大いにあります。人間には自分たちと違う種族を嫌がる、あるいは怖がる習性があるのかもしれません。私自身は北海道に住んだことがないので、詳しくは分かりませんが、差別の話を聞くたびにやりきれない気持ちにさせられます」

「君の名前もアイヌの言葉らしいが……」

「そうです。それにしては私のアイヌに関する知識が少なくて、申し訳ありません」

「いや、まあ……」

ジムは言葉を濁す。私は以前アイヌについての本を二、三冊読んではいたものの、伝説や昔話に関するものばかりで、すでにその内容すら忘れていた。自国のもうひとつの民族についてあまりにも知らなすぎることに恥じ入るばかりであった。彼はアイヌ文化に大変興味を示していたので、私は日本に戻ったならすぐにいくつかの文献を探してお送りすると約束した。自分の無知の罪滅ぼしの気持ちを込めて。

昼食後、ジムは会話につかれたのか、それとも朝からシチュー作りに張り切り過ぎたせいか、椅子に座ったまま転寝（うたたね）を始めた。ハロウェイン夫人は指を口に当てて、彼を起こさないよう合図をし、私に隣の部屋へ来るように手招きした。そこはピンクの壁紙の貼られた綺麗な部屋で、夫人の着ているピンクのセーターと実によく調和していた。

「ええ、ぜひ拝見したいですね」

彼女は棚から小さなアルバムを取りだして、私の前に広げると語り始めた。

「三年、いや四年前かしら。みんなで郊外へドライブしたときのスナップですのよ」

それは爽やかな夏の風景で、緑の樹々を背に数人の男女がピクニックを楽しんでいるところであった。ジムはブルーチェックのシャツを着て帽子を被り、なかなかにダンディーだ。ハロウェイン夫人はやはりピンクの半袖ブラウスを着ている。そして彼女のすぐ隣には純白のシャツを着て微笑むサリーの姿があった。

「サリーは私の親友でした。もともと、彼女と私とが古い付き合いだったのですよ。私自身も、ずっと以前に夫を亡くしていたのです。サリーが亡くなってから、ジムはたびたび私のところへ来るようになりました。でも、別に彼女の話をするというのではなかったんですの。ただ、何時間か二人でゆっくりお茶を飲んで、今日のように話をしては帰っていくのです……」

どのぐらいの時間が流れていったのだろう。いつの間にかあたりは薄暗くなっていたが、それがお天気のせいなのか、夕暮れのせいなのかもわからなかった。やがて目を覚ましたジムが、「そろそろ、おいとましようか」と言いながら、こちらの部屋へやって来た。夫人とお別れの握手をすると、再び眼鏡の奥の瞳が微笑んだ。

「今度は、もっと長くケッテリングに滞在してくださいね」

「ええ、ありがとうございます。ここは素敵なところだから、本当にひと夏でもゆっくり滞在したいですね」

「ぜひ、そうなさるといいわ」

外はとても寒かった。いつの間にか雨は小雪に変わっていた。


ジムとの別れは、自分でも意外なほどあっさりしたものだった。夕方五時ケッテリング発の列車に乗れば、もう七時にはロンドンに着いているはずである。彼は駅前の同じ場所に車を止めると、ホームのなかまで送って来てくれた。列車を待つわれわれのまわりには夕暮れと早春の匂いとが立ちこめていた。

「今度は夏においで」とジム。

「ええ、ぜひそうしたいです。でも、その前に、日本にいらっしゃいませんか。車で箱根へご案内しますよ」

「五十年前とはまるで違うだろうね」

「そうでしょう。私が生まれてからだって、日本は毎日めまぐるしく変化し続けているんですから」

彼は愉快そうに声を高めて笑う。雨はすでに上がって、空には大きなおぼろ月が浮かび、空と地平の境は薄いピンク色に染まってきた。遠くから列車が大きなカーブを描きながらやってくるのが見えた。

「私の父は鉄道員だったんだよ」

ポツリと彼が言った。

「それで、あなたの作品にはときどき列車が登場するのですね」

「そうかもしれない」

ジムはそう言ってにっこり笑った。

列車が到着した。恐らく停車時間が短かったのだろう、固い握手をした後、彼はすぐ乗るようにと促してくれた。人影のまばらな車内でひとつのコンパートメントに落ち着くと、彼がその窓の前にやって来て手を振った。こちらからは窓に映る自分の顔と彼の顔との両方が見えた。

ゆっくり動きだした列車が、ほほ笑みながら何事かを言ったジムの言葉をかきけしてしまう。お互いに手を振り、それが別れの合図だった。

迫りくる夕闇がすぐに彼の姿を薄い帳のなかに呑み込んでいった。

［4］　夢紀行ギリシャ　一九八七年

無愛想なギリシャ人

空港のインフォメーションで、ミコノス島へ行く船の時刻を聞いたが、案内係の女はニコリともせずに、ただ「エイト・オークロック」とだけ答える。

では飛行機はどうかと尋ねると、「あちらで聞いてくれ」と、オリンピック航空のビルを指さす。まるで嫌々ながら仕事をしているようだった。

エアコン付きのホテルはどこも満室。ドイツから飛んできた身に、この熱帯夜はとてもこたえた。我ながら、よく身体がもっていると思う。

昨夜、絵柄の奇麗な皿や茶碗を買い過ぎてしまい、気づいたら五百ドラクマ足りなかった。店の親父はすでに全て包んでしまっているので、「申し訳ないがひとつ減らしてくれ」と言うと、「いや、気にしないでいい。明日にでも持ってきてもらえば」という答え。なかなか人の良さそうな男である。しかし明日はミコノスに行く予定なのですぐホテルに戻り、財布を持って再び引き返した。

「なんだ、いつでもよかったのに」

男はニコニコしながら言うのだった。


サマータイムのせいか、夜はいつまでも明るいのに、朝は六時をまわっても薄暗い。簡単な朝食をすませ、フロントでバス乗り場を聞く。広場にバスはやってくるものの、どれがピレウス港へ行くのか私にはまるでわからない。全てがギリシャ語表示なのだ。時間もないので、仕方なくタクシーで行くことにする。最初のタクシードライバーは三千ドラクマだと言う。

「冗談じゃない。二〇〇〇ドラクマでも高いだろう」と言うと、「じゃあ降りてくれ」ときた。「こちらのほうが願い下げだ」とさっさと降りる。

次に来たタクシーはメーターを使った。ピレウスへ行く途中で、車はもう一人の客をひろっていた。私にはその男がドイツ人に見えたのだが、彼はニューヨークからやって来たアメリカ人であった。われわれは二人とも偶然同じ島を目指していた。メーターは三三〇〇ドラクマだったのに、ドライバーは二人に三五〇ドラクマずつ要求した。しばし口論の末、六五〇でオーケーしたのだが、千ドラクマ出したらお釣りがなくて、結局七百支払うことになったのであった。

昨日シンタグマ広場を歩いていたら、旅行社の者という男が寄ってきて、ミコノス島ツアーは二万三千ドラクマだと言っていた。でも、自分で船の切符を買ったら千三百ドラクマだった。三等デッキで身を延ばして大の字に横たわる。アメリカ人青年はポールと名乗った。彼は三十三歳とのことだったが、四十歳ぐらいに見えた。

ミコノスからスーパーパラダイスへ行く小舟は満員。三十分ほどの短い旅を、皆ぎゅうぎゅう詰めになって屋根の上やデッキに座っている。私の前にしゃがんでいる男。しきりにキョロキョロと辺りを見回してばかりいる。真っ赤に日焼けした顔。度の強そうな眼鏡。そしてパンツからは睾丸が半分飛び出している。

ホテルのロビーで

ドラマの設定がいい。主人公は、ギリシャ版ロッキーなのである。もちろんこれはコメディーだ。ギリシャ人のボクシングチャンピオンなど、あまり聞いたことがないから。主人公は、ロッキー・バルボアのように苦労する。彼はハンバーガーショップでアルバイトしたり、ちょっとした会社の受付をしたりするのだが、普段は居眠りばかりして、客が来る度にびっくりして、シャドーボクシングを繰り返すのであった。

いよいよ試合開始。彼は手数は多いけれど、まともに相手を苦しめるパンチは一発もない。たまに相手の繰り出すちょっとしたパンチをまともにくらっては、ゴングに救われる始末。第三ラウンドなど、手を回しているうちに自分で自分のパンチをくらってダウン、またゴングに救われるのである。ロビーで見ていたギリシャ人たちはケラケラ笑っている。ギリシャ語はまるでわからなかったけれど、主人公の身振りでそのおかしさだけは十分に伝わって来た。

次のラウンドは、負けそうになるとレフリーの後ろに隠れて逃げ惑う。敵はレフリーを殴るわけにはいかず、三つ巴になってリングを動き回るのだが、しかし、このあたり少しチャップリンの手法をぱくっていたかもしれない。そのうち、相手がかかってきた瞬間、どういうはずみか偶然にも振り上げたグラブが相手の顎に命中。そのままダウンさせてしまう。本当にわざとらしいのに、思わず笑ってしまうドラマであった。

星と夕暮れと

北斗七星が海の上で、手の届きそうなところに光っている。遠くに、走り去っていくバイクの音。気がつけば虫の声。そして、通り過ぎていく風のささやき。数件しかない人家が満月に照らし出されている。私は夏の終わりを感じていた。

まるで、狼男でもひょっこりとやって来そうな夜だった。


八時にフェリーの前で会う約束をしたのに、バスが来なくて私は五分遅刻してしまった。何しろ三十分近くイライラしながらバスを待っていたのだ。バスを降りて、やっと人とすれ違えるぐらいの迷路のような路地をフェリーまで急ぐと、ポールは桟橋の低いコンクリート壁の上にちょこんと座って待っていてくれた。われわれはそのすぐ近くにある夕ベルナのテラスに腰を下ろした。港を見渡すことのできるちょうどいい場所にテーブルがあり、橙色の太陽は水平線に沈もうとしていた。

ポールは実に健康的なアメリカ人で、あまり肉を食べず野菜サラダやピザばかり食べている。そして酒も飲まないし、煙草も吸わない。しかし今日は野菜の入ったシシカバブを注文した。それは偶然にも私が考えていたのと同じメニューだった。それから、彼に勧められて、少し大蒜のきいたギリシャ風ヨーグルトサラダ。われわれは水平線の太陽に向かって乾杯した。彼はコーラ、私は白ワインで。小瓶に入った二、三百円ほどのこのギリシャワインが、私はとても気に入っていた。

「君は、あしたアテネに戻るのかね」と彼。

「そうしようと思っている。そしてあさってにはデルフィーかオリンポスに行きたいんだ」

「そうか、僕はどちらかというと、島めぐりをしているほうが楽しくていい。明日の夕方の船でサントリーニ島へ行くんだ」

「アトランティス大陸じゃないかといわれている島だね」

「そうだ、とても奇麗ないいところらしい」

アゴラ（アテネ）

そう言ったポールの青い目が嬉しそうに輝いた。金髪の彼は顔も同じ色の濃い鬚に覆われている。兎に角、体中毛むくじゃらだ。彼は大学で演劇を勉強したのだと言う。「特に日本の歌舞伎には興味があった。でも残念ながら、言葉がわからなくてね」

われわれは昼間、強い日差しの中で寝転がったり泳いだりしたせいで、心地よい疲れに包まれていた。あたりはすでに薄暗く、私はワインの酔いも回って少し眠たくなってきた。

「ぼちぼち帰るとしようか。お別れだね」

「うん、君に会えてとても良かったよ。ポール、もし日本へ来るようなことがあったら連絡してくれたまえ」

「ありがとう。君もニューヨークへ来ることがあったら連絡してくれよ。でも僕は来週アメリカへ帰って、今度はすぐに東京経由で北京へ行くんだぜ」

「仕方ない。まあ、いずれまたどこかで。会えて楽しかったよ」

われわれは、すぐにまた会うことのできる友人同士のように握手をして別れた。迫りくる夕暮れの雑踏が、大柄な彼の姿をたちまちのうちに呑み込んでいった。

空港

パン・アメリカン航空のカウンターはとても混雑していた。出発の一時間以上も前に空港に到着し、長い列の後ろに並んだけれど、私の後ろに並ぶ人は誰もいない。だいぶ待たされていよいよこちらの番になると、カウンターの女は、「ドイツはビザがいるんじゃないですか」とおかしなことを言う。

「いや、そんなはずはない。三か月以内ならノービザでオーケーのはずだ。第一、私は二週間前にベルリンから来たんだ」と言っても、聞く耳を持たず、どこかへ電話して問い合わせている。何度か電話を繰り返し、やっと納得した様子でコンピューターを打ち出す。ところが今度は「ソーリー、満席のようです」とのこと。

「それは変だ。私は先月オスロで予約してオーケーをもらっているんだよ」と言ったものの、少々不安になる。

「それは確かにそうなのですが……」と彼女。

気が付くと、後ろにはアメリカ移民のイタリア人らしき四人家族がいる。

家長である父親は、「俺もちゃんと予約してオーケーをもらっているんだ。こんな話はない！」と本当に怒り狂っている。「アイ・アム・ヴェリー・シリアス！」

彼はものすごい剣幕で、カウンターのメンバーもスーパーヴァイザーの男も取りつく島がない。

「少なくとも出発の一時間前には来てもらわないと……」とスーパーヴァイザーが言う。

「いや、俺はちゃんと一時間前に来ていた。しかしカウンターは混んで長蛇の列だったじゃないか」

その激しさに恐れをなして、スーパーヴァイザーは再びキーボードを打ち出す。

「もし、あなたがたの席が取れなかったら、ホテルと食事の手配は全てこちらでいたします」

「ふざけちゃいけない。われわれはどうしても明日中にはニューヨークへ行かなきゃならないんだ」

彼はまるで狂人のように見えた。

「三席だけ何とか確保できた。一人だけ明日という訳にはいきませんか」

「君は何を言ってるんだ。われわれは四人家族だし、ちゃんとリザベーションしてるじゃないか」

スーパーヴァイザーは再び剣幕に押されて、「オーケー。とにかく、税関を通って、飛行機に乗ってください。私がご一緒します」と言ったまま、彼らと一緒に行ってしまう。

「私のことを忘れているんじゃないか」と私はあくまで紳士的にカウンターの女に抗議する。

「いや、決して忘れているわけではありません。しかし今は少々待ってください」

十分たち、十五分たっても状況は変わらず、そのうち別のスタッフが来て、「サー。もしどうしても席が取れなければ、次のルフトハンザのフライトを予約しますが如何でしょう」と言う。二時に出発して四時にフランクフルトに着くというのだ。私はお昼にS教授とマインツで出会い、一緒に食事をする約束をしていた。十時にはフランクフルトにいるはずだったのだから。しかしそれも夜になってから事情を話せば、恐らく先生もわかってくださるだろう。そんなふうに考えていたとき、先ほどのスーパーヴァイザーがとんで来て、「一席だけ残っている。オーケーです」と言う。すぐにボーディングカードをもらい、税関を通ってゲートに急ぐ。税関で手荷物検査をしたというのに、ゲートでもまた同じ検査をされた。気が付くと、今まで急げ急げというジェスチャーをしていたスーパーヴァイザーの姿はもうどこにもない。ゲートの待合ロビーには私だけしかおらず、荷物検査の係官たちが暇そうに雑談していた。彼らは「バスはすぐに来るから大丈夫、ノープロブレーム」だと言う。

また、十分が経ち、二十分が過ぎた。バスはなかなかやって来ない。どうしたのだろう。何度も係官に尋ねるが、判で押したようにいつも、「ノープロブレーム」という答えが返ってくるだけだ。

こんなときこそ落ち着かなければならないと思って煙草を探すが、しかしいつもはすぐに取り出せるはずの煙草が、どうしたことかこのときに限ってなかなか見つからない。そして、やっと見つけ出して、それに火をつけたのと、目の前の大きなガラス窓の前をパン・アメリカンの飛行機が飛び立って行ったのとは、ぴったり同じ時間だった。

「あれ、行っちゃった」と私は思った。

こんなことは聞いたことがない。ボーディングカードには「19ａ」とシートナンバーまでちゃんと記入してあるではないか。

「パン・ナム機が行っちゃったじゃないか」と係官に言うと、

「やあ、でもノープロブレーム。何かのミスだろう」という答え。

「君は何を言ってるんだ。これがプロブレームじゃないなら、一体どれがプロブレームなんだ！」と私はさすがに怒って言う。後で気がつけば、この男は「ノープロブレーム」という言葉しか知らないようなのである。

そうこうするうちに、パン・アメリカンのスタッフがやって来る。

「サー。誠に申し訳ない。朝食はこちらで用意いたします。そして午後のルフトハンザ便を予約いたしました」とのこと。

飛行機は行ってしまったのだから、今更ほかにどうしようもない。

ゲートを出ると、二人の若いアメリカ人カップルが通路に座っていた。彼らも結局乗れなかったらしく、荷物だけニューヨークへ行ってしまったという。パン・アメリカンのスタッフはわれわれを空港四階にあるレストランに案内した。

「何でもご自由に注文してください。十一時に再びまいります」

そして、そのときにルフトハンザの搭乗券を持ってくると彼は説明した。アメリカ人カップルはその後で、市内のホテルに案内するということだった。

レストランでわれわれは同じテーブルに座って朝食をとった。そして、陽気な二人はニコニコしながら私に説明した。

「煙草を吸った途端、あなたの目の前をパンナムの飛行機が飛び立って行ったのは、まるで一枚の絵のようでしたよ」と。

フランクフルトには定刻の午後四時に到着。さすがにドイツ航空というべきか。余った二千ドラクマを両替したが十九マルクにしかならなかった。空港駅からすぐ列車に乗って、マインツまでは三十分ほど。到着後、駅周辺でまずホテルを探す。一番安そうなところへ行って聞いてみると、一泊四十五マルク。迷っていたら、七階の屋根裏部屋なら四十マルクでいいという。エレベーターがなく、荷物を運ぶのに少し苦労したが、共同シャワーは使えるし、駅前だし、悪くはなかった。

早速、シャワーを浴び、頭を洗う。ミコノスでは水が塩を含んでいたようで、なんともべとべとしていたのだ。それから、缶ビールを飲んで葉巻を吸い、落ち着いたところでS教授に電話すべく駅に行った頃にはすでに六時をまわっていた。

教授宅のダイヤルをまわしても、誰も出なかった。仕方がない、住所はわかっているから直接行ってみようと、案内所でバス停を尋ねる。ところが、バス停に行くと、偶然、顔見知りのH氏が立っているではないか。彼はS教授と同じアパートに住んでいるのである。お互いこの偶然に驚く。

「あれ、あなたいつこちらへ。S先生、中央駅で長いことお待ちになっていたようですよ」

私は、アテネ空港でパン・アメリカン機に置いてきぼりをくった事情を話した。彼はケラケラ笑いながらその話を聞いていた。

十五分ほどバスに乗り、静かな住宅地に降り立つ。アパートを訪ねると、教授は三階の部屋で本を読んでおられた。H氏と一緒に私が入っていくと、本当に驚かれた様子で、

「あれ、君、どうしたの？　君は今日、もう来れないものとばかり思っていましたよ……」

私は頭を掻きながら、またアテネでの出来事を説明し、遅れてしまったことを詫びた。

八時頃、二人で近くのレストランに行って夕食をとった。それは教授のおごりだった。久しぶりに口にするモーゼルワインとソーセージは、そこはかとないドイツの味がした。

［5］白い日々の彼方に　一九七〇年一月

デッキの上にほんのりと霜が光っていた。空はどこまでも青く、遠くには切り立った陸地が、その荒々しいさまを光のなかにくっきりと浮かび上がらせている。

あまりの寒さから、すぐにまた部屋に戻ってベッドに転がり込んだ。昨日はずいぶんと船酔いが激しかったのに、今朝はもう嘘のように爽快な気分である。昨日、やはり船酔いに苦しめられていたルドルフはもう起きているだろうか。長い金髪を靡かせた彼は、ほりの深い典型的なゲルマン人の顔をしていて、とてもジョークがうまかった。われわれはお互い横向きに並んで座り麦酒を飲んでいたのだったが、やがて立ち上がった彼は二メートル近い大男だった。

昼過ぎにバーへ行ってみると、彼がたばこを吸いながら麦酒を飲んでいた。どうやら私同様、昨日の船酔いは直ったらしい。日本でのビザが切れてもまだ留まっていたため不法滞在で強制送還の途中だというのだが、その割には別段落ち込んでいる様子もなかった。もともと、私がルドルフと話すようになったのは、船のなかで彼と一緒にいたフランス人の中年男性を知っていたからである。以前、私は偶然にもそのフランス人と二度出会っていたのだ。一度は新宿にあるヒッピーたちのたまり場だった喫茶店で、そしてもう一度は深夜の地下鉄の車内で。

彼はあまり英語がうまくなかったので他愛のない話しかしなかったけれど、顔の半分を占めるほど異様に大きな鼻は、一度見たなら忘れられなかった。何度聞いても名を忘れてしまったその彼が、偶然にも同じナホトカ行きの船に乗り合わせていたわけである。しかし、ルドルフと彼が乗船前からの知り合いだったのかどうかは知らなかった。いずれにしても私は「こんなこともあるんだ。世間は狭い」と思った次第である。

ルドルフはハンブルクの美術学校を出た画家であった。絵画が大好きだった私も素人なりに大学の美術クラブで活動していたので、われわれは酔うほどに打ち解けて行った。彼は初めドイツからアフガニスタンまでフォルクスワーゲンで走破したという。「ハンブルクを出発して、二日目にはもうユーゴースラビアにいたんだぜ」と青い目を輝かせながら、誇らしげに言うのである。

しかし、インドで売るはずだった車をカブールでぶつけてしまったのは自慢にはならなかった。ともかくこの時点で彼は、私のまるで知らない世界の多くを巡っていたのである。中近東の殺風景な砂漠の中を、ルドルフが気持よさそうに赤いフォルクスワーゲンを走らせている姿を思い描いた。そしてその光景は、まるで一枚の絵のように私の脳裏に強く焼き付けられたのである。

昔から心の内奥に、真っ青な空と広い大地への強烈な憧れがあった。どこまでも続いて行く地平線と、その上に広がる果てしない大空。後年、私はそんな景色をユカタン半島や中国、アフリカの砂漠で見たけれど、そのときにはまるで夢のなかを彷徨っているような錯覚を味わったものだ。砂漠地帯や大平原や大空、その原色と青と緑の目にも鮮やかな対照。それらが私の感覚を刺激して、生に対する熱い思いや未知の世界への大きな憧れを心のなかへと送り込んでくれたのである。ただ広いだけで何もない景色が、どうしてそれほどまでに私を動揺させたのか、不思議ではあったけれど。

船室の小さな丸窓からは冷え冷えとした濃紺の海と青空が見えていた。一羽のカモメがスッと窓をかすめて雲のなかへ吸い込まれていく。あの鳥はいつも船のお伴をしているのかなと考えているうちに、浅い眠りに誘いこまれていった。

バイカル号のデッキにて

夜、ロビーに座って例のフランス親爺とルドルフの三人でトランプをした。ラミーというゲームではいつも親爺さんの勝ちであった。彼は信じられないほど臆病で、食事の時以外はゲーム中であっても常に救命胴衣を着用している。全く泳げないらしく、一度溺れかけてからというもの、水に対する異常なほどの恐怖心があるのだという。寝る時もトイレでも四六時中救命胴衣をつけたままである彼の姿を想像して、思わず吹き出しそうになるのを私はやっとの思いでこらえたのである。しかし、食事中だけ彼がそれを外すというのはフランス式のマナーに則ったものか、あるいは人前を憚ったものなのかはよくわからなかった。

ルドルフは「もしハンブルクに行くなら、ぜひ僕を訪ねてくれ。また楽しく飲もう」と言った。ハンブルクに住んでいる叔父の友人を訪ねるつもりだった私に、彼の申し出はありがたかった。やがてロビーではバンド演奏が始まってみんながゴーゴーを踊り始めたけれど、われわれ三人は一番隅の椅子に陣取って相変わらずラミーを続けていた。

しかし、やがてそれにも飽きてしまうと、フランス親爺は「ゴーゴーでも踊ろう」と強引に私を踊りのなかへ引っ張り出したのである。ルドルフはダンスにはまるで興味がないらしく、沈思黙考する哲学者の如く足を組んで悠然と葉巻を吹かしていた。フランス親爺は見かけによらずダンスが巧く、リズムに乗って身体をくねらせながら軽快に動き、見ているだけでこちらまで楽しくなってしまう蛸のような踊り方をした。そのうちに面白い彼のダンスに気づいたまわりの人たちも一時動きを止めて、やんやの喝采を浴びせたのである。かくして、救命胴衣をつけながら踊り狂う巨大鼻の親爺は、大いにその場の雰囲気を盛り上げて、一躍人気者となってしまった。

ドラム、ギターが規則正しいリズムを生みだし、時間は止まり、私は日常世界から放り出される。外は真冬の寒さでもロビーのなかは熱気に包まれ、過去も未来も自分にとってはもうどうでもいいような気がしていた。瞬間、前の方で踊りだした長い黒髪の女の子と目があってなぜかドキッとしたのだったが、それも束の間でわれわれの視線はすれ違い、すぐに彼女のことを忘れてしまった。

踊り疲れて空腹を覚えたのでルドルフのいる席に戻ると、彼は相変わらず葉巻をくゆらせながらこの騒音をものともせず、静かに本を読んでいるのだった。それでもこちらが酒を飲もうと誘ったら、すぐさま本を閉じて立ち上がってくれた。まだ楽しげに踊り続けているフランス親爺を後に残してバーへ行き、われわれはそこでまた旅行や絵画の話を続けたのである。昨日知り合ったばかりだというのに、私は彼とはすでにもう十年も前からの友人であるかのような気がしていた。そして、偶然にもわれわれは同じ年であった。落ち着いた物腰と老け顔から、私は彼が優に十五、六歳は年上なのだろうと勝手に思い込んでいたのである。

翌朝早くデッキに出てみると、甲板はカチカチに凍りつき冷え冷えとした灰色の空と海以外には何も見えなかった。この船だけがポッンと大海原のなかに取り残されてしまったような印象を受けたのだが、カモメたちはいつものように船の横を同じようなスピードで飛んでいるのだった。

デッキのドアをくぐりルドルフの部屋へ行こうと階段を降り出したとき、手すりに手を触れたらパチンと音がして心臓がどきりとした。凄い静電気に驚きながらドアの取っ手に手を回すと、ここでもまたパチンとやられ、たまらずにポケットから手袋を取り出してやっと無事に下へ降りることができた。

ルドルフはまだベッドのなかにいて、「どうもベッドが小さすぎて良く眠れない」とこぼしていた。二メートル近い彼に船室のベッドはいかにも小さく、身体を斜めにして横たわっても足がはみ出してしまうのだった。相部屋のフランス親爺は、相変わらず救命胴衣を着けたまま熟睡している。そのときルドルフが、「帰り旅とは全くつまらんもんさ」とポツリと言った。「どうして？」と問い返すと、「それはお前がいずれ経験すればわかることさ」という返事。私はすぐに彼の言葉を忘れてしまったのだったが、ずっと後に帰国が近づいた時になって、はじめてまたこのときのことが思い出されたのである。

昼頃ロシアの陸地が見えだし、キラキラ輝く雪の海岸線に沿って進んでいた船は、ほどなく一面真っ白な氷の世界へと入った。船の通った後には長々と黒い氷の線が尾を引き、光の反射によって船がまるで油をたらし続けているかのようにも見えた。船内が極度に乾燥しているために静電気はますます激しくなり、手は痛いしそのたびごとにびっくりさせられるのも私には苦痛になっている。そこであまり出歩くのをやめて船室で本を読んでいるうち船は港に入ったらしく、デッキのほうから人々の賑やかな話声が聞こえてきた。ルドルフを誘って再びデッキに出てみると、真っ白い氷の海のなかに二隻の大きな船が影を落としていた。

やがて船がゆっくりとナホトカ港に接岸すると、ロシアの税関役人が船室ごとに廻って来た。役人というといかにも厳格な印象を受けるけれど、われわれのところにやって来たのは胸の大きな金髪の美人で愛想も良かった。「税関に美女を配置するのは、共産国の印象を良くするための見え透いた宣伝だ」と以前ある友人が言っていたが、こんな宣伝ならこちらに異存があるはずもない。

そんな訳で、私は一番最後まで船室に残っていたのである。彼女は流暢な英語を話しながらてきぱきと任務を遂行して優しくこちらに微笑みかけつつも、私が持っていた日本の週刊誌数冊を全て没収したのであった。その理由はこの国の言論統制のせいなのか、あるいは二、三頁のヌードグラビアが問題だったのか、よくわからない。いずれにしても、これでハンブルクに住む叔父の友人へのささやかなプレゼントが消えてしまい、後日私はモスクワで新しい土産を探すことになったのである。

荷物検査が終了したので部屋を出ようとしたら、今度は軍服を着た厳しい二人の男たちがパスポートを調べにやって来た。一人が「君はドイツ語が話せるかね?」と聞くので、「ヤー。わかりますよ」と答えたら、それきり黙ってしまった。てっきりドイツ語でなにか質問してくるのかと思っていたのに、男はパスポートにスタンプを押すとすぐにプイと他へ行ってしまった。後で、他の日本人に聞いたところによると、その係員は全ての日本人に「君はドイツ語が話せるか?」と質問しては、びっくりして「ノー」と応える日本人たちに優越感を抱いていたらしい。奇妙な趣味の持ち主ではあるが、ひょっとすると彼自身「君はドイツ語が話せるか?」という言葉以外は何も知らなかったのかもしれない。当時ドイツ語がロシアの第二外国語であったのを私が知ったのは、ずっと後になってからであった。

パスポート片手に勢いよくデッキに出ると、凍りついた港と赤い大きなレーニンのポスターが目に飛び込んできた。ひんやりした空気と弱々しい陽の光、そしてその赤いポスターが私にとっての最初のロシア体験だった。すぐさま足早にタラップを降りてロシアの地を踏みしめたとき、得体の知れない感激に包み込まれ、しばしのあいだその場に立ち尽くしたまま呆然と、いくつかの吹きだまりに光る雪を眺めていたのである。

誰かに遠くから名前を呼ばれて振り向くと、そこに黒いオーバーを着て毛皮のロシア帽を被ったブラジーミルが立っていた。彼はわざわざウラジオストックからナホトカまで、私に会いにきてくれたのである。一年前の冬、日本の港で出会った素晴しい友人ブラジーミル。電気関係の専門技師である彼は、貨物船での仕事を任されて数回日本に来たことがあるという話だった。煙草の火がなくて困っていた私に、ライターを貸してくれた、そんな出会いであった。そのとき、彼は日本では珍しいロシアの煙草をいくつか私にプレゼントしてくれたのである。

われわれはウォッカを飲んで煙草を吸い、「カチューシャ」や「二つのギター」を大声で合唱した。お互いに片言のロシア語と日本語しかできなかったけれど、歌と酒が好きなのは共通していた。彼はまた、当時ロシアで一番人気のあった「ラーダ」という素敵な歌も教えてくれた。一緒に飲んだのは三、四回ほどなのに、彼の誠実さと優しさがずっと心の中に残っていたのである。私はブラジーミルに何月何日にナホトカに着くという簡単なドイツ語の手紙を出しておいたものの返事はなかったし、遠くに住んでいる彼がわざわざ会いに来てはくれないだろうと思い込んでいたのだ。それに加えて、船に乗りこんだ初日の強烈な船酔いやさまざまな人たちとの出会い、そして至るところに潜む凄い静電気などで、普段の思考力は大いに奪われていたのである。

ブラジーミルがニコニコして目の前にいるなんて、夢を見ているようだった。私の幽かな期待は現実になったのである。われわれは喜んで握手し、ロシア式抱擁をし、笑いあった。知らぬ間に目から涙が一粒こぼれて口に入り、塩辛い味がした。私に会うためだけに、この厳しい寒さのなかを何時間も列車に揺られて来てくれた彼の思いやりがたまらない。

「妻と僕だ」と言って渡してくれたキャビネ大の写真の裏側には、「わが最良の友、永久の友情を」と書かれていた。残念だったのは彼も私も相手の言葉をほとんど忘れかけていたことであった。しかしそのとき、幸いにも一人の親切なロシアの婦人がなかに入って片言の英語で通訳をしてくれたので、大いに助かったのである。仕事のことや酒、煙草、音楽、そしてラーダ、話すことはたくさんあったけれど、その一方、再会できたことで二人の心は話す必要もないほど不思議に満ち足りてもいたのだった。雑念を取り払って本当にその人のことが気に入ったなら、人の心は子供のように純粋になってしまうのではないだろうか。年齢とか社会的地位とか人種とかには全く関係なく、人間が本気で努力するなら、差別や憎しみを越えて平和な世界を築くことができると私は心底思っていた。

そんな単純なことが、個人ではなく国単位になると、どうして難しく複雑怪奇になってしまうのかわからない。理屈だけを並べたてる哲学や教室のなかだけで通用する学問が、一体どのぐらい人間を幸せにしたというのだろう。ロシアの田舎者ブラジーミルの誠実さと限りない優しさが、まるで魔法のように気持を和ませてくれるから、こちらも心を全開にして、それこそ竹馬の友の如く彼と向き合っていたのである。

「今度はいつ日本に来るんだい？」と聞いた。

「わからない」

彼は日本語で答えて悲しそうな顔をしたけど、質問の意味がわからなかったのか、それとも本当に未定であったのかは私にもわからなかった。次に、手を組みながら一緒に「ラーダ」を歌った。私は、爽やかな朝のような彼の笑顔が好きだった。

時は残酷に瞬く間に過ぎていき、駅へ向かうインツーリストのバスに乗らなければならない時間が迫っていた。最後の乗客である私を、係員は粋な計らいでしばらく待っていてくれたらしい。われわれは固い握手をし、お互いの目を見つめながらいつの日にかの再会を誓いあって別れねばならなかった。すぐに発車したバスのなかから凍てついた窓を叩くように手を振ると、雪の波止場にポツンと独り取り残されたブラジーミルの姿はやがて黒い点となり、黄昏のなかに消えて行った。

すでに夕暮れの匂いが漂うナホトカ駅に到着すると、薄いプロシャンブルーに包まれた広場には橙色をした街灯の明かりだけが寒々と光っていた。めまぐるしく過ぎ去ったこの非日常的な数日間を考えながら、私は夢のなかを彷徨っているような気がしていた。待合室には、先に来ていたルドルフと救命胴衣を外したフランスの親爺さんが仲良く座っている。二人に、ロシアの友人が会いにきてくれたことを話すと、ルドルフがニコリとしながら言ったものだ。

「どうしたんだよ、お前さん。嬉しい時は笑うもんだぜ！」


腕時計の日付が変わったところだ。

雪に覆われた原野を汽車はずっとただひたすら走り続けている。まわりの雪だけが白く浮かび上がり、それ以外は真っ暗な夜に包まれて何も見えない。さまざまな出来事が頭をかすめ、あらゆることが夢幻のように思われてなかなか眠れずにいた。ブラジーミルに会ったことさえ、もうはるか遠い昔のような気がしていた。

ロシアへの興味が芽生えたのはいつ頃からだっただろう。イワンやグレゴリーメレホフ、そしてラスコリーニコフがいた町や大地を歩いてみたいという気持は、徐々に強くなっていた。広大な大地を走り回った英雄たち、厳しい自然や悪政の下で苦しみ喘ぎつづけた民衆、極端なまでの貧富の格差等々、まるであらゆるものを一緒に詰め込んだごった煮のスープのようなロシアの歴史と、ロシア文学にいろいろなかたちで提示される「人間とは何か」といった問題は、生きて行くうえで私に何かしらのヒントを与えてくれるような気がしていたのである。窓から夜の寒気が深々と伝わってくる。カーテンを閉じて目をつむると、すぐに昨晩のことが蘇って来た。

ブラジーミルのことを考えながら列車に乗り込んで、しばらくしてからルドルフとフランス親爺の三人で食堂車に行きワインを飲んだ。フランス産のうまいやつだったけど、名前はもう忘れてしまった。まだ少しばかり別れの悲しみが残っている私の肩を叩いてルドルフが、「元気出せよ」と日本語で言うと、フランス親爺も一緒になってポッポッと日本語で話しだしたのである。ワインは彼らのおごりだった。こちらに気を使って、日本語で話してくれた事にも感謝だ。

二本目のワインを飲み始めた二人と別れて客室へ戻る途中、車掌室で雑誌を読んでいたうら若い女性に挨拶をすると、可愛らしい微笑みが返ってきた。言葉が通じないので、酒を飲んできたんだというジェスチャーをすると、彼女は頭からかぶっていたショールを外して、ロシア語で何か言ったのだが、今度はこちらがまるでわからない。鮮やかな金髪が彼女の両耳をすっかり隠してしまった。それから彼女は何を思ったのか、やおら素敵なロシア民謡を歌い出したのである。頬を赤く染めて微笑みながら歌う姿を見ているうちに、私のなかの淋しさが小さくなっていくのが感じられた。列車は相変わらずガタガタ揺れながら夜のなかを走り、時間の概念が消え去って数時間が一瞬のようでもあった。時間の異様な長さに耐えきれないこともあるのに、楽しく充実している時間とは斯くも短いものなのだ。

彼女が歌った数曲はみんな素敵なメロディーだった。決して巧くはなかったけれど、独特のハスキーボイスがとても魅力的なのである。思わず拍手をしたら、次には日本の一昔前のザ・ピーナッツのヒットソングで、「金色に輝く砂の上で裸で恋をしよう。人魚のように～」というもの。見知らぬ人同士が仲良く交流していく手段として、音楽とスポーツは一番いいのではないかと私は思う。

子供時代には単純であった世界が、年を取るにつれて次第に難しく複雑になってしまうのはどうしたことだろう。アダムとイブが楽園で禁断の木の実を食べて以来、人類の不幸が始まったというのは本当かもしれない。本来、人間は「しあわせになるため」に生きているはずなのに、あまりにも深く観念の世界にのめり込んでしまった結果、奇妙なことに逆に何が幸せで何が不幸であるのかもわからなくなってしまったのではないか。アルベルト・シュヴァイツァーが言っていたように、全ての人間が子供の心に帰ることができるなら、この世からことごとく戦争など消えて行くだろうに。

歌いながら、まるで幼い子供のように彼女は私の手を握り続け、次の曲の前に二言三言のロシア語を口にしたのだが、こちらには理解できなかった。それでも、唯一「トロイカ」を歌った時だけ、彼女はロシア語、私は日本語だったけれど、互いの目を見ながら愉快に合唱することができたのである。残念だったのは、自分のロシアに対する熱い思いを彼女に一言も伝えられなかったことで、言葉の通じないもどかしさを大いに痛感させられたのだった。彼女の清純さと太陽のような明るさは、この後もずっと私の心の奥に残ることになったのである。

やがて列車の速度が徐々に落ちてくると、彼女は再び美しい金髪をショールに包みこんで次の駅で降りるのだという身ぶりをした。突然、時間がまた私のところへ戻って来て、忘れていた淋しさがぶり返してくる。気がつくと遠くの山際すれすれのところに細い月がかかっていた。海と船、一面の雪野原、そしてブラジーミル、それらの記憶が一遍に頭のなかで複雑な輪を描きながらぐるぐると回り出す。汽車は人影のない殺風景な駅に止まり、立ち上がって微笑んだ彼女の青い目から涙がポトリと落ちた。何という可憐さ……。「ド・スビダーニャ」。それが別れだった。

八時頃、ようやく空が白み始めた。列車の二重窓を通して外気の冷たさが伝わって来る。果てしなく広がる大地の彼方に相も変わらず白い山並みが続き、あの山々の向こうには、一体どんな人々が住んでどんな生活をしているのだろうとぼんやり考えていた。ときおり、突然現われる白樺林によって景色が閉ざされ、その林は思い出したように何度も姿を現しては消えて行くのだった。一度、そのなかを走るトロイカが見えたけれど、ロマンチックな歌の世界とは違って、老いぼれた馬が泥と馬糞にまみれた橇をやっとの思いで引きずっていたのである。だが、そこには人と馬との懸命に生きんとする日常の生活があるのに違いなく、だからこそ美しいのかもしれないと思い直した。

しばらくして、列車はとある駅に十五分近く停車した。ホームに降りてみると、似たような黒いオーバーと帽子を被った数人の男たちが、このオフシーズンの旅行者の方をじっと観察しているようでもあった。ブラブラとホームの散策ついでに、ルドルフがいるコンパートメントの窓を外から叩くと、いまだ寝ぼけ眼の彼はそれでも髯をなでながら「やあ」と挨拶を返してきたが、少しばかり驚かせてしまったのかもしれない。オーバーも着ないで歩いていたのに、風がないせいかそれほど寒くは感じられず、ただ鼻の奥が変にヒリヒリするだけである。

しかし、列車に戻ってから車掌に外の温度を尋ねると、「マイナス二十度」とのこと。寒さに対して自分の感覚が麻痺していたのか、温度計がおかしかったのか、あるいは氷点下以下の気温が一律人間の感覚を狂わせてしまうものなのかよくわからなかった。

昼近くハバロフスクに到着すると気温はさらに下がり、列車の窓はカチカチに凍りついていた。駅前にほとんど人はおらず、数件の建物と見知らぬ人の銅像が立っているのみであった。曇った灰色の街中を十数人の旅行者たちが一緒にインツーリストの係員とバスでレストランに向かう。私の隣に座ったルドルフは、急な強制送還だったせいかもともとオーバーを持っておらず、バスの暖房が弱すぎるとこぼしながらブルブル震えていた。とにかく、乗船するまでのあいだ、彼の前後にはずっと係官が一人ずつついていて、何をすることもできなかったらしい。

食事は見知らぬ者同士が四人ずつ一つのテーブルに座って、楽しい雰囲気になった。私のところから、遠くのテーブルで若い南米女性と手ぶり身ぶりを交えながら熱心に話しているルドルフの姿が見えていた。こちらのテーブルには京都から来た田中君と、新宿に住む中年のルポライター氏が座っている。五十日かけてヨーロッパ中をまわりながら、取材した記事を次から次に日本へ送信するのだという彼は、「外貨持ち出し枠がたった五百ドルでは何もできない」としきりにこぼしていた。ゆったりとした京都弁で、「戻ったら家業の呉服屋を継ぐことになっている」と話す田中君の物腰からは育ちの良さが感じられる。

後で二人をルドルフに紹介したのだが、身長一八〇センチある田中君も彼に並ぶとさすがに小柄に見えた。われわれは上方文化と江戸文化の違いについて話しながら大いに盛り上がっていたのを覚えている。次に、ルドルフが三週間ほど滞在していた瀬戸内海のとある小さな島の美しさを語ったけれど、その島の名を知っている人は誰もいなかった。外では再びチラチラ小雪が舞い出し、殺風景な景色の中を分厚いオーバーに身を包んで杖をついた老人が背中を丸めながらゆっくりと歩いていく。老人のぶら下げている赤いバッグだけが、何故か妙に目に焼き付いた。

ちょっと前から、私は外側から自分を見ているもう一人の自分の存在に気づいていた。その自分は今座っている私のことが良く見えているのに、当の本人は魂の抜け殻のようになっていて、そこにいるのに、その実全くそこにはいないかのようなのだ。人間はちっぽけな頭のなかに大宇宙を持つこともできるし、瞬時にファンタジーの世界へと移動することもできる。そのとき、実体のない私は、自分をどこか南アジアの綺麗な海辺に連れ出していたようだ。

海を黄金色に染めながら沈みゆく太陽を見ている私の隣で、一人の若い女がやはり海と太陽を眺めている。その顔が見えないから、良く見ようと目を凝らすと、彼女はまるで海のようになってしまった。朦朧とした私の頭では、彼女が海なのか、海が彼女なのかわからない。彼女がこちらを向くと、瞳のなかに私を見つめるもう一人の彼女が映っていて、その輪郭がチョークで描いたようにいつの間にか薄れて透明なものとなっていく。

誰かがテーブルのコップの水をこぼしたとき、私を見つめていた私はすぐに消え、赤いバッグを下げた老人の姿はもうどこかへ消え去っていた。

食事の後、みんなはまた同じバスで広々とした白い景色のなかを空港へ向かうことになったのだが、そのうちの何人かはモスクワまであと一週間近く、さらに列車でシベリアの旅を続けるとのことで、ルドルフと私は、その一人であるフランスの親爺さんとここで別れることになったのである。明日にでもすぐにまた会うことができるかのように、われわれの別れは明るく陽気だった。「じゃあ、あばよ。またな」。大きな鼻をこすりながら、フランスの親爺が去って行く。

空港でわれわれは数時間待たねばならず、便秘気味なルドルフはゆっくりトイレタイムを過ごしていたようだ。その間、私はロビーで、フィンランドからの旅行者たちと珈琲を飲みながら雑談していたのだったが、そこは異様に天井が高く、大きなレーニンのポスターが貼られていた以外には何もない空間であった。それにしても、ロシアは今までのところ私の思いを裏切ってはいないと思う。極端に硬いトイレットペーパーと、全然溶けてくれない珈琲の角砂糖は別として……。

アエロフロート機はみるみるうちに地上を離れ、八千メートルの上空へと舞い上がった。雲がはるか下に見え、さらにその下には真っ白な大地が広がっていた。凍りついた上に雪の降り積もった河は白い大蛇のごとくクネクネと曲がりくねりながら山並の彼方へと続いている。

隣に座った女性とは以前どこかで会ったような気がしたけれど、すぐに船のゴーゴーダンスのときだったのを思い出した。マリコと名のった彼女は、ウイーンでしばらくピアノと音楽の勉強を続けるのだという。その明確な目的意識と、格好のいいヨーロッパ行きの理由を聞きながら、私には何となく少しばかり彼女に対する曰く言い難い奇妙な反発が芽生えていたような気がする。音楽や絵画、そしてここまでのロシアの印象について私はぶっきらぼうに話をした。マリコは将来、音楽を通して人々の心を癒したり、貧しい人たちへの奉仕活動をしたいという夢を熱心に語ったのに、こちらがあまり関心を示さないので、ちょっとがっかりした様子であった。自分の心の内では、「恵まれない人たちのために尽くしたい」という気持に心底共鳴していたというのに、もっと励ましてあげなかったのはどうしてだったのだろう。今振り返ると、その頃はあまりにもやりたいことが多くて自分のことで手いっぱい、「力を貸してほしいのはこっちのほうだ」と勝手に思い込んでいた節がある。

「あなたの夢って何？」今度は彼女に質問された。

「わからない」

「わからないの？」

「まあ、食って寝るだけかな」私は理由もなく、イライラしていた。

「それじゃ、動物と同じね。あなたってどうして真面目に答えてくださらないの？　ちっともペシミストの塊になんて見えないわよ」

その言葉にこちらが思わず吹き出してしまうと、言った本人もおかしいと思ったらしく、二人で大笑いしてしまった。そんなささいなことでわれわれの気持は急に打ち解けたのだから、人の心なんて案外単純なものなのかもしれない。マリコのあまりにも純粋な理想が私にはまぶしすぎたのだが、それでも、こちらが次第に自分の考えを少しづつ話すようになったのは、ひとえに彼女の素直さのせいであったかもしれない。

「やりたいことがたくさんあって、ひとつに絞れないから困っているんだ。まだ漠然としていてうまく言えないけれども、いずれは徐々にまとまって来ると思う。人を喜ばせることができる仕事につけるなら最高だし、それだけで人生すでに五〇パーセントぐらいの幸せを手に入れてるのではないだろうか」

「変な表現をするのね。あとの五〇パーセントは何？」

「きっと、素敵な伴侶あるいは仲間に恵まれることかな。仕事と趣味とが一致している人って一番いいよね。大半の人は嫌な仕事でも、日々の糧のために我慢しながら頑張っている訳だ。春が来れば花が咲きだすように、僕の中のもやもやもいずれまとまってくるような気がしている」

交錯した視線が船の時のように素通りすることはなく、互いに魔法の力で吸い寄せられたような感じだ。マリコのまつ毛が長いのに気づいた。大きな黒い瞳と、可愛らしい唇。ふっくら盛り上がった大きな胸の上を長い髪がさらりと覆っている。先刻、もう一人の私と南の島で綺麗な夕日に見入っていたのは、ひょっとして彼女だったのではないのかと思う。

「あなたって意外に真面目なのね」彼女は驚いたように言った。

「そうでもないさ」

そのまま私が黙ってしまったのは、何だか自分の内面を見透かされてしまったような気がしたからかもしれない。

地上は相変わらず真っ白で、太陽も依然として沈む気配を見せなかった。腕時計は午後八時を指していたけれど、それが日本時間だったかハバロフスク時間だったか、もう覚えていない。ときおり、白い大地に一本の黒く細い線が真っ直ぐに続いて、目で追っているとやがてそれは小さな村落に辿り着くのだった。

モーツァルトの「魔笛」について話し始めたマリコに、眠いのを我慢しながら付き合っていたとき、ルドルフが前の方からひょっこり現われて、「おべんじょ」と片言の日本語でささやいた。「マリコさんだよ」と隣の彼女を紹介すると、握手を交わしてからドイツ語で「グート(結構)、グート」と繰り返しながら、トイレへと駆けだしていった。

「彼は絵描きなんだ」

「あなたも趣味で描くんでしょ?」

「まあね」

「モスクワに着いて、もし同じホテルになったなら、私を描いてくれないかしら?」

「いいよ」

半信半疑の気持ちのまま答えた。というのも、この国で旅行者のホテルを決めるのは個人の希望ではなく、インツーリストの係員が勝手に一方的にホテルを指定してくるからである。

モスクワに近づいた頃、われわれの会話はだいぶ盛り上がり、マリコはこちらを喜ばせるためか、

「あなたって、前々から私がお会いしたいと思っていたような方だわ」という大袈裟な言い方をするのだった。彼女自身にまるで他意がなくても、そんな単刀直入ないい方は、人によってあらぬ誤解を招いたかもしれない。しかし、彼女は本当に純真だったし擦れてもおらず、モスクワまでの八時間を共に話し続けた後に、私からそんな邪念は消えていた。

機体が下降するにつれて急激に耳が痛くなり、気がつくといつの間にか彼女の手が私の手を硬く握りしめていた。

大きな飛行機が爆音を轟かせて飛び去ると、夕暮れの空港は気の遠くなるような静寂に包みこまれた。その後、マリコと共に入って行ったロビーではアジア系、ヨーロッパ系、アラブ系等々様々な国の人たちが聞いたこともない言葉で話していた。すぐにインツーリストの係員がまわって来て、一人ひとりの氏名と指定されたホテルを読み上げると、偶然にマリコともルドルフとも同じホテルだったので、互いに肩を叩いて喜びあったのだった。日本から一緒にやって来た旅行者たちは、ここで指定されたホテルごとに別々のバスに乗り、別れることになったのである。やはり同じホテルになった京都の田中君はバスに乗ると、「ツインで一緒の部屋にしよう。ガイドブック見たらこの国では、そのほうが設備がいいそうや」と言う。

レトロなバスで入り日に映える白樺の林を抜け、市内へと向かう。町に入るまでのだだっ広い道路を走っていた車は数えるほどしかなく、夕日が赤いゴムまりのようになって荒野の上を転がっていくと、やがてその彼方にモスクワの町の黒いシルエットが見えだしたのである。遠くのほうに玉ねぎ状の屋根をした寺院が現われて、誰かが「もうクレムリンかな」と言ったけれど、もっと先に行くと似たような寺院が次々に姿を現した。軽い興奮状態にあってあまり感じなかったのだが、ホテルに着くと同時にどっと大きな疲労感に襲われたのであった。

その豪華なホテルは赤の広場のすぐ側にあり、ものものしいデコレーションと古く重厚な雰囲気が帝政ロシア時代を彷彿とさせた。入ってすぐ目に飛び込んできたのは、ロビーの高い天井からぶら下がる巨大なシャンデリアと真赤な絨毯である。フロントでルドルフの部屋はすぐ決まったのに、田中君と私の部屋は交渉が少し手間取って、時間がかかってしまった。マリコの順番は最後だったので、私はまず田中君と部屋に行き、荷物だけ置いてすぐロビーに引き返して、彼女の部屋を一緒に探しに行くことにした。彼女は方向感覚が怪しいと言うし、ホテルも大きかったからである。

だいぶ疲れている様子の田中君は部屋に入るとすぐ、「悪いけど、さきに風呂入って休ましてもらうわ」と言う。

「一向に構わないよ。僕のことなんか気にしないで、どうか先に休んでくれよ」

すぐ彼女の待つロビーへ引き返し、それから二人で部屋を捜したのだったが、なかなか見つからなかった。薄暗い通路に人影はなく、旧式のエレベータを下りてからはまるで迷路に嵌まったようにあちこち彷徨い、やっと探り当てたのである。握手をした別れ際、「明日、一緒にモスクワを歩きましょう」と彼女が言った。

誰もいない通路を戻りながら、耳のなかでしきりにキーンという音がしていたけど、薄暗い部屋に入った途端、田中君の豪快ないびきが聞こえてきた。

目覚めたとき、田中君はもうどこかへ出かけたらしく、一階のレストランに行ってみたら、ちょうど奥のテーブルでマリコが珈琲を飲んでいるところだった。

「やあ、眠れたかい」

「ええ、あなたは？」

「ベッドにもぐって、気が付いたら九時だった。田中君はもういなかったよ」

「インツーリストの人、もうあそこで待ってるわよ」

私はパンをかじりながら、待っていてくれた市内観光のバスに彼女と共に乗り込んだのだった。

色白の若い女性ガイドの日本語が流暢なので、「いつ日本に行ったの？」と聞くと、「一度も行ったことはありません」との返事に驚かされる。

乗客は数人の日本人以外みなヨーロッパ系の人たちだったけど、そのなかにルドルフや田中君の姿はなかった。バスが最初に向かったのは、ホテルからは目と鼻の先にあるクレムリン。そのすぐ近くにはボリショイ劇場がある。赤の広場のところどころにカーキー色の軍服を着た兵士たちの姿が見られ、レーニン廟の前には、永眠している英雄を一目見ようとロシア各地からやって来た人たちの長い行列ができていた。船のなかでマリコを知っていた何人かの若者たちが一緒に写真を撮ろうと言ったのに、彼女はずっと私から離れようとせず、なぜか二人だけで写真を撮りたがった。

それからバスは雪の残る町のなかをピョートル寺院、モスクワ大学そしてレーニンの丘へと走って行った。丘の上から一望したモスクワの町は美しく、近くにあるスキーのジャンプ台からは競技を楽しんでいる人たちのあげる歓声が時々風に乗って聞こえていた。

ホテルに戻ったのは一時近くである。バスから降りて何となく手持ちぶさただなと思っているうち、車内にかばんを置き忘れたのに気づいた。ずっと膝の上に置いておくのが面倒だったので、網棚の上に載せたままにしていたのである。びっくりしてすぐバスを探したけれど、もうすでに去った後であった。「しまったなあ」と落ち込みながらホテルへ戻ろうとしたら、マリコが後から走って来て、「どうしたの？　急に駆けだしたりして、驚いたわ」と言う。「バスのなかにかばん忘れちゃってね」と努めて明るく言った途端、顔見知りのフィンランド女性が「イッツ、ユアーズ」と言いながら、私の前でそのかばんをユラユラさせたのだった。彼女の親切に感謝。まだまだ私の軽い興奮状態は続いていたようである。「捨てる神あれば、拾う神ありよ」とマリコが言ったけど、その言葉が状況に合っていたのかどうかよくわからない。

午後、マリコと町の散策に出かけた。十三万点もの絵画を所蔵するというトレチャコフ美術館に行きたかったのだが、町中では言葉がまるで通じず、時間も少なかったので断念せざるをえなかった。この国を旅する日本人はまだ少なかったせいか、通り過ぎる人たちは物珍しそうに遠慮なくこちらをジロジロ見るのだった。もっとも、それはマリコの被っていた奇妙な形の帽子と派手な黄色いコートのせいであったかもしれない。ときどき、何人かの男が「セイコー（時計）、売ってくれないか」と寄って来たけれど、売らなかった。そのうちの一人は、「ルーブルはスイスの銀行でドルに換えてくれる」と熱心に説明していたのだが、危ない橋は渡らないに越したことはなかっただろう。

やがて少し歩き疲れて見知らぬ人の銅像前にあるベンチに腰を下ろすと、マリコが突然「あなたのこと、もっと知りたいわ」と言う。男と女はある程度自分だけの秘密を持っているほうが、互いに少しばかり謎めいていていいのではないかと思っていたけれど、何も言わなかった。何事であれ、知らないからますます知りたくなるのだし、全て知ってしまったなら、もうそれまでの興味も失せてしまうのではないか。しかし、それから再び、音楽を通して人々のために奉仕したいと熱く語る彼女は、私より五、六歳も年上の落ち着いた女性に見えていた。実際には二、三歳ほど若いはずだったのだが。こちらとしては、もっとロシア美術や文学、そしてこれから訪れる国々の話をしたかったのに、何も言わずにいた。あまり言葉はいらない気がしていたから。

マリコは私の手を握りながら、頬を私の肩の上に載せていた。

「人の出会いって不思議ね。二日前までまるで知らなかった私たちが、今こうして手を握っているんですものね」

「確かに、そうかもしれない」

日常、当たり前と思っている人と人との出会いや別れは、偶然のようであって実は必然のような気もしていたのである。宇宙の神秘や地球の謎といった話とは別のレベルで、人間そのものがやはりひとつの大きな謎だろう。私は「人の別れ」を考えていた。まさに「会うが別れの始め～」で、明後日マリコは飛行機でモスクワからウイーンへ向かい、私は列車でレニングラードを経てヘルシンキへ向かう。わずか三、四日一緒に過ごしただけで、その後みな自分たちの目的地に向けて去っていくのは、まるで人生の縮図のようにも思われた。知り合ったばかりなのに、間もなく彼女と別れて行かなければならないと考えただけで、私は大きな淋しさに襲われた。まだマリコは目の前にいたというのに……。

どのぐらいのあいだその弱々しい陽だまりのなかで座っていたのだろう。二人が初めて寒さに気づいたとき、あたりはすでに暮れかかり、不意に鳴りだした近くの教会の鐘の音が、夕食の時間が近いことを教えてくれた。

ホテルに戻って、マリコと麦酒を飲んでいるとルドルフがやって来た。

「今日はどうしたんだい？　バスにいなかったじゃないか」

「一人でブラブラ歩いたさ。レーニンも見たよ。外人はパスポートを見せれば、長蛇の列に並ぶ必要なしだった」

「それは知らなかった。でも、あんまり死体を見たいとは思わないな……」

彼はとても綺麗な女性と一緒だったので、声を落として、「その美人、どこから連れてきたんだい？」と尋ねたら、ルドルフは怪訝そうな顔をして、「奴は男だ」と言うので、マリコも私もびっくり。しかし、彼は確かに男だった。

長いブロンドの髪と真っ青な目、背の高いハンサムボーイである。あまりに美しすぎる男が、女のように見えることがあるのを認識した。エリックと名のった彼はスウェーデン人で、半年ほどインドを放浪していたのだという。毛皮の長いマキシムコートの下には半袖シャツ一枚しか来ておらず、見るからに寒そうだったけど、その声は太く落ち着いていた。この時、私がずっと彼と一緒に旅を続けて、ヘルシンキ、トゥルク、そしてストックホルムの彼の家にまで行くことになるとは夢にも思ってはいなかった。

われわれは四人でさらに麦酒を飲み続けた。エリックは流暢な英語を話したが、ドイツ語はあまり分からないらしい。それはマリコも同様で、ときおり思い出したようにドイツ語で話し出すルドルフの話を私が通訳していた。しかし、アルコールがまわるにつれてルドルフは徐々にドイツ語で話すほうが良くなったらしく、こちらの通訳も少々忙しくなった。そして気がつくと、みんながニコニコと笑いだしていた。あまり意識もせず、いつの間にか私はマリコにドイツ語、ルドルフに英語、そしてエリックには日本語で話しかけていたようなのである。言葉を意味で理解していたら、こんなことになるのではあるまいか。

ルドルフが、いつかの台詞を繰りかえした。

「帰り旅というものは、全くつまらんね」

エリックも同調してうなずいたのだが、マリコは「ヴァルム(どうしてなの)?」と尋ねたのだ。

「旅そのものは楽しいんだ。でも帰路につく旅は味気ないものだよ」

ルドルフがドイツ語で言ったので、すぐ彼女に通訳すると、また「ヴァルム？」という質問が返って来た。彼は少し困った顔をして髯をなでていたが、「それは自分で経験してみれば、いずれわかることだよ」と言いながら、自分でもいつものように巧いことを言ったものだと思ったのか、再び髯をなでながらニヤリとする。

しかし、次に彼女がまた、「ヴァルム、ゾー（どうしてそうなの）？」と聞き返すと、彼はもうどうしようもないといった諦めの表情をして、まじまじとマリコの顔を覗き込みながら、深いため息を洩らして言うのだった。

「ヴァルーム？」

夜、マリコは自分の部屋で「私たち、恋人かしら？」と聞いてきた。予期せぬ質問に驚きながら、私は「そうかもね」と返事をした。普通の恋人たちのように毎日デートできる訳ではなく、すぐ離ればなれにならざるをえない状況が、そんな曖昧な答えをさせたのかもしれない。

ラジオのスイッチを入れると古いジャズが流れてきて、それまでわれわれは不気味なほどの沈黙に取り巻かれていたような気がした。

「今日は楽しかったわ。あなたって本当はとても親切で、優しい淋しがり屋さんなのね」

「そうでもないよ」

「卑下する必要なんてないわ。自分で自分のいいところがわかっていないだけよ」

マリコはそう言いながら、ハッとしたようであった。

「私ってすぐに自分の本心を言ってしまうの。何も隠せないのよ」

視線が出会うと彼女は眼を閉じた。私は黙っていたけど、耳のなかでまたキーンという音が響いていた。自分は今モスクワにいるんだ、と何度も思った。

ぐっと抱き寄せると、胸の柔らかな感触が伝わってきた。そして、長い髪から微かに甘い林檎の匂いがした。

［6］白夜のオタワで

オンタリオ湖と陸との境目、そこは空と同じ色をしているので大地が途中で終っているという錯覚に陥る。飛行機から見下ろすと、湖に点々と浮かぶいくつものヨットは、まるで宙に舞う胡蝶のように見えていた。さすがの白夜も夜の九時をまわって一面に夕暮れの匂いが漂い、到着と同時に夜が始まった。

バンクーバーからトロントまで約五時間、アナウンスも英語の後にフランス語が加わっている。キャッシーとケンは、一時間ほどワインを飲んだ後、帰って行った。

いい加減カナダ産の白ワインを飲んだところで、兄のビクターが「これからオタワのダウンタウンまでドライブする気があるかい」と聞いてくる。

「もちろん。ちっとも疲れてないよ」

というわけで、彼も相当飲んでいたはずだが、われわれはすぐに車で出発したのだ。

ビクターはまるで人気のない運河沿いの道を、去年と同じ様に車を走らせた。夜の十時をまわる頃、この街はもうすでに無人のゴーストタウンのような感じになってしまう。市場の前に車を止め、二人で夜の街を散策することにした。東京の町中とは較べものにもならないけれど、それでも町の中心部には何人かの人が歩いていた。大通りを横切りアーケードを抜けると、運河近くに大きなアパートが建築中であった。

「このアパートはいい場所にあるね。町の主だったところには全て歩いて行けるから。少し金がたまったなら、こちらに引っ越したいくらいさ」とビクター。

エレファント・キャッスルのテラスで麦酒を飲んだ。紅茶を頼んだビクターは、私に金を払わせてはくれなかった。テーブルは半分ほど客が座っていただろうか。そこで二人何を話したのか、全部忘れてしまった。私はいつも出会っている友人と話している感覚で、笑い、飲み、そして時折は沈黙もしていたのだ。夜の空気は冷やりと肌に心地良く、去年の夏からもう一年近くが過ぎ去っているなどとはとても信じられなかった。時は早いのか、遅いのか、まるでわからなくなる。麦酒でほろ酔い気分になった後、シャトー・ロワイエの横を抜け、市場通りを歩くと、オレンジ色の優しい街灯がとても心を和ませてくれた。

六時頃、喉が渇いて水を飲みに起きた。昨夜、何も食べずにワインや麦酒を飲みすぎたせいで、やや二日酔い気味である。外はすでに明るくなっていたのに、ちょっとの頭痛と時差とでまた眠ってしまい、再び起きたときには八時半になっていた。ビクターが仕事に出かけたのに気づいてはいたけれど、身体が言うことをきかず、悪いと思いつつそのままウトウトしていたのである。二階の部屋の窓から明るく輝く朝の住宅街が見え、向かい側の通りにはバスを待つ数人の人たちの姿があった。しかし、顔を洗って部屋に戻ったとき、通りにはもう誰もいなかった。

一階では末弟のイプーが朝食の支度をしている最中である。

「ビクターはもう仕事に行ったよ。よく眠れた?」

「とても良く寝すぎたぐらいだよ。昨晩は、エレファント・キャッスルで麦酒を飲んでから、彼とちょっとしたストリップに行ってね。結局、戻ったのは午前二時近かった」

「それは結構でした」

「われわれは相当酔っていてね。しかも暗い中で踊っていたのが黒人ダンサーだったから、何が何だかさっぱりわからなかったという訳さ」

イプーは愉快そうに笑った。小柄で小太りの彼は、とても人懐っこい顔をしており、昨年初めて会ったにもかかわらず、私はもう十年以上も彼と付き合っているような気がしている。庭では霧状の水がしきりに芝生に注がれ、その外れには小さな向日葵の花が活けられていた。

「普段は姉のグレースが庭の手入れをするんだけど、いまは旅行中なので僕がやっているんだ。あれはサンフラワー、太陽の動きにつれて花も動くから、そう呼ぶんだよ」

イプーは優しく微笑みながら説明してくれる。

九時半頃イプーがアートギャラリーまで送ってくれた。昨年同様今回も、一九二〇年代に活躍したカナダの七人の風景画家たち「グループ・オブ・セブン」の作品をゆっくり見たいと思っていたのである。私を送ってくれた後、彼は大学に行き、一時に再び出会ってチャイナタウンで一緒に食事することにした。

ギャラリーの展示は昨年とほとんど変ってはいなかったけれど、現在のスペースは手狭になったので、来年オタワ川の岸辺に新しい美術館が完成する予定らしい。しかも現在の建物は、部屋によって老朽化のため雨漏りもするというから、なおさら新美術館の完成が待たれているということだ。

家に戻ってから四時過ぎにイプーと私は、オタワ川の対岸にあるコンピューター会社で働く夫人を迎えに行った。対岸はフランス文化圏のケベック州、こちら側は英語圏のオンタリオ州で、イプー夫人は毎日、二つの州を往復していることになる。彼女は黒い瞳の愛くるしい女性で、「今度、運転免許を取ろうと思っているの」と話していた。二百ドルほどで取れるというから、日本の十分の一ほどの予算である。

もっとも、そんなことより彼女は、いつも夫に送り迎えをしてもらうのが申し訳ないと思っているらしい。イプーのほうは喜んでやっていたのだけれど……。夫人と合流してからわれわれは川沿いの美しい道をケンの家に向かって走った。

午後の光にキラキラ輝く川を見ながら、私は前回、みんなでモントリオールまで往復四百キロほどドライブした日のことを思い出していた。市内の美しい教会やヨーロッパを思わせる裏通り、ミロの特別展をやっていた美術館、それらは全て楽しかったけれど、ただひとつ困ったのは言葉であった。ビクターやケンの友人たちを含めてわれわれは総勢十名だったが、フランス語のわかる人は一人もいなかったのである。

レストランでは意図的と思えるほど英語メニューはいっさい置いておらず、ボーイもまるで英語を理解しなかったので、こちらはみな勘に頼って注文するしかなかった。英語からの類推で、これはきっと肉、これは魚、スープだろうと、まるで連想ゲームのように想像しながら。だが、出てきた料理は自分たちの予想とはまるで別物、肉だと思ったのは野菜、スープのはずが魚だったり、それはそれで楽しい思い出となった。

仕事を終えて帰宅していたケンは、私を郊外の田園地帯へのドライブに誘ってくれた。彼はつい最近、自分の新しい旅行会社を立ち上げたばかりである。昔エジプトで私と知り合った後、サウジアラビアで一年間技師として働き、その時の高額な資金をもとにニューヨークに渡ってコロンビア大学に学び、ビジネス修士を取得していた。

「大学で教える気はないのかい」と尋ねると、「どうも、教師というのは僕の性に合わないようでね……」と笑うのだった。夕刻近い白夜のドライブは快適だった。途中、分譲住宅地の大きな看板には、広い庭付きの一戸建て住宅が一千五百万円と書いてあった。

短いドライブから戻ると、キャッシーとイプーがバーベキュー・パーティの準備に取り掛かっていた。やがてやって来たビクターも一緒に、みんなで七時半頃からカナダ産赤ワインを飲み始める。

太陽はまだまだ明るく輝き、イプーが中心になって大きな肉やロブスターを焼いてくれた。それはポータブルボンベを使う便利なセットで、全然煙を出さずに肉をこんがりと理想的に焼くことができるのである。広い芝生にパラソル付きの白いテーブルと椅子を並べ、みんなほろ酔い気分になりつつ白夜の宵を存分に楽しんだ。

空に懸かった半月の輝きが増してきた頃、大平原のはるか彼方に貨物列車の通過していくのが見えた。それはとても長い編成の列車で、優に百輛以上の貨車を運んでいた。

こんな幸せなひと時が、ずっと続いて行ってくれるなら、人生はどんなに素敵だろうと、そんなことを私は考えていた。

[7] ビバ・メヒコ！ 革命記念日の頃 一九八六年

メリダからメヒコ・シティーへ

ユカタン半島の旅から戻ったとき、ビッキーとルペは三時間もメヒコ・シティーの空港で、私を待っていてくれたのだった。二時のアエロ・メヒコを予約して、オーケーが出ていたというのに、メリダ空港に行ったら、その便は日曜日のみのもので、平日は飛ばないとのことであった。

いかにもこの国らしい間の抜けた話だが、いくら抗議しても、ないものは仕方なかった。そこで、せめて空港に来ているはずの彼女たちに連絡を取るべく、私は彼女たちの自宅に電話するのとメヒコ・シティー空港ロビー内でのアナウンスを頼んだのだった。係員はちょび髭を生やした男で、「オーケー、セニョール。ノープロブレイム、任せておいてください。心配ありません。必ず連絡を取りますよ」と親切に言ってくれたので安心していたのに、後で彼女たちに聞いたら、全くそんな連絡もアナウンスもなかったという。

ちょうど一年前の大地震以来、国内の電話事情は著しく悪く、何度ダイヤルをまわしてもかからない時は全然駄目。二十センターボ（四銭）程だった料金も、電話局の倒壊以来無料である。

十五年ぶりに訪れたユカタン半島やイスラムへーレス島はだいぶ観光地化され、「ヨーロッパに来るアメリカ人は皆殺しにする」とリビアのカダフィ大佐が言っていたせいもあって、アメリカからメキシコにやってくる旅行者ばかりがやたらと目について少々がっかりしていた部分もあったから、メヒコ・シティーには二、三日だけ滞在し、ロサンゼルスへ戻ろうと思っていた。

しかし、せっかく来たのにもっと長く居なければもったいないとビッキーたちが言うので、ついつい十日間も居ることになってしまった。ビッキーに会うのは、彼女が日本にやって来たとき以来だから、九年ぶりになる。八歳だった彼女の息子フォン・カルロスはもう二十三歳のたくましい青年に成長していた。十五年たってもこちらは進歩したとも思えぬのに、時の流れの速さには驚かされる。

今回の旅は十分に円高差益の恩恵に浴している。カナダ、アメリカでも、見るもの食べるもの、ことごとくが安く感じられ、逆にどうして東京はあんなに食品が高いのかと考えさせられた。十五年前のメヒコは一ペソ四十二円、現在は〇・二円だから、ここで私は結構な金持ちというわけである。

タスコへ

ドライバーは片言の英語を話す。朝は肌寒かったものの、午前九時をまわる頃から強い陽射しが照りつけ、とても上着など着ていられなくなる。

私がビールの小瓶を一本飲むと、ドライバーも一緒に飲む。このビールがまたとてもうまい。何年か前に世界ビールコンテストで優勝した「ボエミア」(ボヘミア)というやつだ。

ルペが前に座って、ビッキーと私は後ろに座っている。その後ろには彼女たちの小さな子どもたちとその友人、総勢八人でわれわれはタスコに向かって走っているのだ。遥か彼方には五七〇〇メートルの雄大なポポカテペトルが、雪を頂いて輝いていた。以前はあんなところに山があるなどまるで気づかなかった。

ビッキーと

カーブを曲がったところでドライバーが急ブレーキを踏んだと思うや、車はもうロバにぶつかっていた。ドーンという大きな音。相当な衝撃があって、私は前のシートで思い切り顔を打った。幸い車はロバの尻に当たったようで、ロバはそのままびっこを引きながらも歩いて行ってしまったから、恐らく大丈夫だったのではあるまいか。しかし、ビッキーの話では、「いずれ死んでしまうのは時間の問題」であるらしい。

ドライバーは別段動揺する訳でもなく、アルコール臭い息を出して、「牛じゃなくてよかったですね、セニョール」と言うのだ。実際、この国では牛や小動物にぶつかって死ぬドライバーが何人もいるらしい。牛もロバもあまり運動神経の良い動物ではないようだ。われわれは無事だったものの、小型マイクロバスの前部は相当にへこんでしまった。私はロバのお尻があんなに硬いものだとは夢にも思わなかった。

ドライブはビッキーの招待だった。彼女たちは遠来の客を心から喜んでいた。そして彼女の友人たちも、私のために連日パーティーを開いてくれたり、いろいろ案内をしてくれるのだが、私としては少しゆっくりしたいというのが本音でもあった。何しろ、彼らのパーティーは夜十時過ぎに始まり、朝の十時頃まで徹夜で行うというものだったから。友人たちは途中、二、三時間家に帰って仮眠をとり、それからまた出直してきて飲み続けるのである。これでは身体がいくつあってもたまったものではない。本当は今日一日ゆっくり美術館をまわってみたいと考えていたのに、ビッキーはもうタスコ行きを全て手配していたのだった。

カカウアミルパ

タスコの途中には、クエルナバカという町がある。「花の都」という意味の美しい町で、数年前にはイランのパーレビ国王が亡命していたらしい。一九七五年、私がテヘランを訪れた頃には、権力を欲しいままにしていたあの国王も、彼自身恐らく夢想だにしなかったこんな小さな町で、刺客の手を恐れながらひとときを過ごしていたと考えると、その数奇なる運命が哀れでもある。

町外れにカカウアミルパという大きな鍾乳洞があり、われわれはそこに寄り道をした。なんでも、こちらの大陸で一番大きな洞窟らしいが、しかしそれがどのぐらい大きいのかを知る者は誰もいない。探検してくれる人とスポンサーを探しているというから、退屈な番組ばかり流している日本のテレビ局に紹介したら、ひょっとすると大いに乗り気になるかもしれぬ。

ビッキーとドライバーは以前にも来たことがあり、疲れたから休んでいるというので、私はルペと子供たちそしてガイドと一緒になかへ入った。中は思ったより天井が高い。しかし薄暗いのと、較べるものがないのとで、距離感が全然わからない。ガイドの話では、風船を飛ばして天井までの高さを測ったら、場所によっては百メートル以上もあったということだ。彼は小柄なメヒコ人で、訛りの強いスペイン語を話し、何を言っているのかほとんど理解できなかった。

四キロほど入っていくと、途中こんもりと小石が盛られているところを通過した。その上には白い木の十字架が立てられ、小石もよく見ると棺桶の形に積まれている。前世紀の終わりに、銀を探しに迷い込んだイギリス人が出られなくなってしまい、白骨化していたのでここに埋めたのだという。

昔、クアラルンプール郊外のバーツケイブに入ったことがあるが、あちらのほうが湿度が少なく、照明設備が整っていたせいもあり、まるで恐怖心は起きなかった。こちらはずっと上のほうには蝙蝠が舞って、これで鬼でも出たら地獄そのものといった感じがする。この奥にはまた別の洞窟があって、その奥の奥は誰も入ったことがないとガイドは言う。そこでわれわれは彼にチップを渡して、今来た道を引き返した。

「彼にあまりチップをあげなかったよ。何言ってるんだかほとんどわからなかったんでね」とルぺに言った。

「私もあまりわからなかった」と彼女も子供たちも口をそろえた。

薄暗いなかでライトが当たると、大きな鍾乳石が不気味に光った。

やがて外に出たときには、われわれはとても疲れていた。喉が渇いて、みんなで冷たい飲みものを買い、一気に飲み干した。ギラギラする太陽光線が勢いよく目に飛び込んできた。

レストランにて

大きなカーブを曲がると、突然にタスコの街並みが見えてくる。十五年前、アカプルコの帰りにも立寄ったはずなのに、何の記憶も残ってはいない。もっとも、あのとき私は日射病になって非常に体調が悪く、あらゆるものに対する興味を失っていたのだ。

急な坂道を登り、ソカロ周辺に駐車場を探す。町は間近になった革命記念日に備えて到るところ、赤白緑三色のメヒコ国旗でいっぱいだ。人混みを分けてピンクの綿飴売りや、たくさんの風船を持った男たちが大声で何事かを叫んでいる。教会の前には、土色の顔をした老人たちがただ無表情に何をする訳でもなくうずくまっていた。昔もこの国のいろいろな町で、同じような老人たちが同じように疲れきった顔をして座っていたのを思い出す。

「私はつい昨日まで子供だと思っていたのに、気がついたら九十歳を超えていた」とは私の祖母が晩年によく口にした言葉だ。恐らくそれは本当のことだったのだろう。振り返ってみれば時間は驚くほど早く、情け容赦なく去っていくのだから。彼らと同じような老人たちは、いつの時代にも同じように同じ場所に佇んでいたのだろう。悠久の時の流れに少しも煩わされることなく、日の出とともに起き、日没とともに眠り、果てしなく生活を繰り返して、気がつけばいつの間にか老人になっている。同じものなど何もないはずなのに、彼らを見ていると、私のなかのこの十五年の時間がまるで停止していたかのように感じられる。人生はまさしく浦島太郎が開けた玉手箱に似て、一瞬のうちに老人となってしまう。

陽射しは相変わらず強力で、カリブ海で焼けた肌がピリピリと痛い。日射病を恐れて、私は白い帽子を深く被る。


昼下がりに、皆を食事に招待した。

「ビッキー、僕がおごるから、いいレストランへ行っていちばん美味いものを食べよう」と言うと、実際ドライバーは高級ホテルに車を止めて、そこの見晴らしのいいコロニアル風のレストランにわれわれを案内した。ここはルペが新婚旅行のときに泊まったホテルなのだという。広いレストランのなかでは、反対側の窓辺でマリアッチの演奏者たちが歌っている。

ところで、メヒコでは「遠慮する」という言葉はあまり通じない。もしあなたがメヒコ人の家に行って、「何を飲みますか?」とか、「何か食べますか?」と聞かれたなら、素直に答えなければならない。つまり、本当は腹ぺこで何か食べたいのに、日本式に「いや結構です」と遠慮して次に勧められるのを待っていても、もう決して何も出されないということだ。あなたは何も飲みたくも食べたくもないのだと思って、彼らは自分たちだけで悠々と食事をすることだろう。そしてあなたには、それこそ水一杯も出ないということになるのだ。

彼らの前で謙遜してはいけない。彼らはやはり素直に受け取るのだから。「私はあまり○○に対する能力がなくて……」等と言えば、彼らはいたく同情して、「可哀想に」と言うだろう。日本では、相手が謙遜しているのだなと受け止めてくれるし、また、あまり自分を売り込めば自慢話となり、鼻もちならない奴ということにされてしまう。この習慣の違いは恐ろしいほどである。

レストランでビッキーたちは、素直にフルコースを注文した。私だけどうも腹の調子が悪くなって、ホットケーキとレモンティーというメニュー。

この国ではソース代わりに何にでもレモンをかける。サラダ、肉、魚、ライスにいたるまでいっぱいにレモンをかけて食べるのである。レモンの木は放っておいても、次から次にそれこそ腐ってしまうほど実をつける。それに殺菌作用もあるし、第一とてもおいしい。野菜サラダなど少々土がついていても、メヒコ人たちはレモンをかけて平気で食べてしまう。考えてみれば、合成洗剤で洗ったものよりは、はるかに健康的であるかもしれない。東京の喫茶店で出てくるレモンティーのように、レモンスライスの向こうの景色が見えるなどというのは、ここでは全く考えられない。

美術館の男

タスコは銀の町といわれる割には、銀製品があまり安くない。メヒコシティーと同じ値段なら、結局、あちらのほうが品数も豊富だし、サービスもいいということになる。もっとも、日本に較べたらはるかに安く、例えば、ちょっと素敵だなと思ったペンダントには三千ペソ(約四ドル)の値段がついていた。ビッキーたちと何軒かの店をまわったものの、どの店も同じようなあまり変わり映えのしない製品を同じような価格で売っており、それにほとんど値引きもしてはくれなかった。結局、私は土産に三千五百ペソの小さなペンダントをひとつ買ったのみだ。

教会の横の坂道を下っていくと、つきあたりに博物館があった。その隣は空き地になっており、小さなバザーができて何人かの人々が大声で話している。博物館のなかに入りたかったのだが、なぜか玄関の扉には錠が下ろされ、まるで頑なに人の出入りを拒んでいるかのように思われた。受付か入口のところに誰かがいれば、ビッキーのことだから、またうまく交渉してなかへ入れてもらえたかもしれないのに、それはとても残念なことだった。

数日前、メヒコシティーでビッキーと一緒に国立美術館へ行ったとき、やはり何かの祝日に当たっていて閉館していたのである。ゲートの鉄枠越しに前庭をのぞくと、ちょうど巡回中の守衛がいて、ビッキーは大声で彼に何事かを話し出したのだ。スペイン語は、ゆっくり話してもらえば少しは意味を掴めるものの、あまり早口に言われると、もうまるで何を言っているのか見当もつかない。ビッキーは、こちらへやって来た彼と大きな声でジェスチャーを交えながら早口で話している。守衛はときおり困ったような顔をして、チラリチラリと私のほうを見るのだ。

「ビッキー、なんて言ったんだい?」と私は尋ねた。

「もちろん、なかへ入れて頂戴って頼んでいるのよ」

「でも、今日は休館日なんだろう……」

「それはそうだけど、なんとか頼んでいるのよ」と言うや、彼女は再び猛烈に早口のスペイン語で喋り出した。守衛も何事かを説明していたが、仕方がないとでも思ったのか最後に、「それじゃあ、上役が何と言うか聞いてみよう」ということになった。

とにかく、この国の女性は強いいし、日系人はまだまだ珍しいのだ。

やがてやって来た小太りの上役は、浅黒い顔のチョビ髭がまるで似合ってはいなかった。

「セニョーラ、規則でね。駄目なんだよ」

「そこを何とかならないの。この方ははるばる日本からいらっしゃって、もうすぐ帰国しちゃうのよ」

「でも、残念ながら休館日なんでね……」

そのあと二人が何と言っていたのか、私には全く分からなかった。後でビッキーに聞いたら、私は日本の大学者先生で文筆家、はたまた美術に大いなる関心を持った著名な評論家であると、どうも口から出まかせのことを次々と言ったらしい。この方をなかに入れてくれたなら、それは日本とメキシコの友好関係に大いに貢献するだろうし、この方は日本の雑誌にあなたの好意についても書くかも知れないと。そういえば、上役が私を見る目つきも何となくだんだん尊敬の色に変わって来たように感じられた。

そんな折、ポケットのなかに手を入れたら、私は偶然そこに少々の紙幣が残っていたことに気がついたのだ。

「ビッキー、なんだったら、この人に少しチップをはずんでもいいんだが……」と言うと、彼女はすぐにそれをスペイン語で彼に伝える。途端に彼は表情を崩し、白い歯を出してニヤリとする。

「それを早く言ってくれればいいのに。セニョーラ、それだったら話は別だよ」

彼はすぐにゲートを開けると、建物のなかへわれわれを案内する。

たしか十五年前にも私はこのなかへ入ったことがあるはずなのに、そのときの印象とはだいぶ違っていた。今回は前と違ってまるで人がおらず、われわれだけの貸し切りだったからだろう。彼は「写真を撮りたければ好きなだけ撮ってもいい」と言ってくれた。やはり心から、私を有名な美術評論家だと信じて疑わなかったようだ。

アメリカ東部やカナダの美術館は、非常にヨーロッパ的雰囲気が漂っていた。印象派にしろ中世絵画にしろ、それらはやはり潜在的に自分たちの故郷の絵という意識があるのかもしれない。しかしメヒコ美術はまるで違っている。色彩感覚も底抜けに明るいし、構図や題材も全く別物で、実に新鮮な発見がある。

男は、これがタマヨであれがシケイロスで云々と説明していたが、それらはみな絵の下のタイトルを読んでいただけなのだ。一通り見てまわったとき、私は非常に感動し満足していた。ビッキーに礼を言い、上役氏にも心から礼を言って握手をした。すると男は急に態度が大きくなって、「何を隠そう、実はこの美術館は俺のものなんだ」と、訳のわからないことを口走る。

誰かに見られるとまずいというので、私は外に出てからその上役さんにチップを渡した。彼はわれわれを再びゲートのところまで送って、「アディオス」と言うや、ガチャンと錠を下ろす。

気がつけば陽はやや西に傾き、少し肌寒くなっている。大きな葉が一枚ひらりと宙に舞い、そのとき私はふと、微かに迫りくる秋の気配を感じた。

［8］ 列車で行くオーストラリア

飛行機からオーストラリアの大地を見る。一番古い大陸というだけあって、原始の地球の姿が残っているという印象を受ける。うねった川のところどころにできた三日月湖は、昔地理の時間に習った記憶を呼び覚ました。空から眺めると、取り残された弓型の湖がどこか悲しそうである。

隣の席に、ヨーロッパ帰りの老夫婦が座っていた。とても物静かな二人だったが、お爺さんは飲んでばかり、そしてその度にお婆さんはこちらを見て、「ほら、この人ったらまたこんなに飲んでいる」と苦笑するのだった。外は一面綿のような雲が広がり、そろそろ夜明けが感じられた。メルボルンに到着したとき、私は何とも奇妙な気持ちに襲われた。それは遠い昔、もうどこかに忘れてきてしまった感動だった。

メルボルン大学の図書館はとても大きかった。四階で面白そうな評論を見つけたので、机に向って読んでいると、一人の婦人が、「私、出口がわからなくなってしまって……ちょっと教えてくださらない?」と尋ねて来る。

「ここをまっすぐ行って、左へ曲がるのですよ」と言ったら、「ありがとう」とニコニコしながら去って行った。今日この国に来たばかりの人間に道を聞くなんて、愉快な話ではある。

ホテルのロビーで新聞を読んでいた。向かいの電話ボックスで、無精鬚を生やした若い男が長電話をしている。今日の午後会うはずの相手らしいのに、よく飽きもせず話せるものだ。かれこれ三十分。立っているだけでも疲れるだろうに。やがて彼はやっと長い話を終えて受話器を置いた。そしてフロントに行くと両替を頼み、再びおもむろに電話に向かうのであった。

夜行でシドニーに向かう。あまりの寒さにセーターを二枚着込み、靴下も二枚履く。眠たい目をこすって外を見ると、既にもう東の空は明け方のピンク色に染まっていた。牧場に朝霧が立ち込め、霜が降りている。小さな声で、どこかの駅に着くというアナウンス。町は牧場に一線を画して、突然その姿を現した。鼻を真っ赤にした老人が重たげな荷物を持ち、白い息を吐きながら乗り込んでくる。やがて列車はゆっくり動きだす。ホームの端で、天使のような少女が長い金髪を片手でおさえ、泣きながら手を振っていた。

ワイン飲み放題、サラダ、パン食べ放題という看板につられて、とあるレストランに入る。大きな暖炉では薪が燃え、奥でピアノの弾き語りをしていた。ビフテキを注文したら、それはなんと厚さ四センチ、縦横二十五センチもある代物だった。隣にはイギリスから来た若い夫婦が座っている。

われわれはオーストラリアの白ワインで乾杯した。お互いの健康のために。私は半分ほどしか食べられなかったのに、彼らはその大きな肉をぺろりと平らげてしまった。悲しきは草食人種というべきか……。そのうえ、サラダもパンも食べ放題なのだから、この国の人たちの太っているのも納得がいく。

ブリスベインに向かう列車の寝台車で同室になったのはギュンターという四十代の男だった。実に社交的な人物で、われわれはすぐ仲良くなった。部屋でしばらく話していたが、列車はなかなか発車せず、二人で何本も煙草を吸った。そうこうするうちに彼に誘われて食堂車へ行き、ブリスベイン産のビールを飲んだ。

「俺は二十三歳のときに、この国へ移住して来たんだ」と言う彼は、オーストリア・チロルの出身だったが、あまりドイツ語は話したがらなかった。というよりもだいぶ言葉を忘れているように見えた。彼自身、英語のほうが母国語だと思っていた。それでも、こちらがときどきドイツ語で話をすると、ドイツ語の返事が返ってきた。二時間近くも飲んで、九時をまわった頃には二人ともいい気分になっていた。私がこの国に来てまだ四日目だということが、彼にはどうも信じられないらしい。色の浅黒い私を、初めからロックハンプトンかブリスベインの人間だと思っていたようだ。

しばらくすると、宝石商をしているという若い男が同じテーブルについた。われわれは今度は旅行やスポーツの話をした。

「俺はこの国で何の不満もない。でも、ただひとつ、ブリスベインでスキーのできないのだけが残念だね」とギュンターは言うのだった。何しろ彼は、三歳のときからチロルの山々をスキーで走り回っていたというのだから。なぜ、母国を出たかについて、彼はあまり話したがらなかった。とにかく、この国に来たときにはほとんど一言も英語は喋れなかったというのだから、その勇気と努力には感心する。

六、七本も缶ビールを飲んだ頃には、さすがに眠たくなってきた。

「全部、俺がおごるよ」とギュンターは親切に言ってくれた。

「ありがとう」と礼を言って、立ち上がりながら外を見ると、列車は降るような星空の下に広がる大草原を黙々と走り続けていた。

昔、ウイーンで出会ったある老人のことをギュンターに話した。

地下酒場でビールを飲んでいた私のところに、老人がやって来て、「自分は日本人が大好きだ」と言ったのである。しかしその後がいけなかった。「特にあの軍服が好きだ。次の戦争も一緒にやりたいもんだ」と付け足したから。私は十年以上も前のそんな出来事を思い出したのである。こちらは軽い冗談のつもりだったのだが、ギュンターは激しい口調で言った。

「人間が互いに殺し合う、こんなくだらなくて空しいことがあるか。こうしていれば、君と俺だって親しくやっていけるじゃないか。そんなくだらんことを言う奴は許せない」

突然、彼がこんなに怒り出すとは意外だった。

私が黙っていると、「まあ、またそんなことにならんよう祈るがね……」と彼は笑いながら煙草を取り出した。私は少しほっとした気分になった。


ケペル島からの船上で、小柄なアメリカ婦人に声をかけられた。

「日本では何をなさっているの」

「教師です」と答えると、「おや、私もそうなのよ」と微笑んでいる。とても感じのいい人だ。強烈な日差しをさけるため濃いサングラスをかけていたが、後でそれを外すと、品のいい貴族のような顔が現れた。娘と二人でニュージーランドを経由して旅行中とのことで、ずっとレンタカーで回っているのだという。

「船が着いたら、また車でブリスベインまでとんぼ返りするんですよ」

「えっ、千数百キロもある道を」

「ええ、ただアメリカに較べると道が悪くてね……」

小柄な身体の一体どこからこのパワーが出てくるのか、ただただ私は恐れ入るばかりであった。

船に揺られていると、あらゆる過去の出来事が幻のように感じられた。私は西日をまともに受けながら、甲板に腰を下している。午後四時だというのに、日差しはものすごく強い。雲ひとつない濃紺の大空のなかに太陽は燦然と煌めいて、はるかな宇宙へと吸い込まれていくような錯覚。

駅は街の中心部から外れた所にあるので、日本人の感覚からいうと、大変に不便である。ロックハンプトン駅の売店に缶ビールは売っていなかった。しかも瓶は車内に持ち込んではいけないというので、私は買ったビールをその場でグイと飲んでしまった。

コンパートメントに行くと、すでに一人の男が座っていた。

互いに「ハロー」と挨拶。

彼は陽気なカナダ人で、「もう半年近くオーストラリアにいるんだ」と言う。

「これからニュージーランドに行って、新しいビザをもらってくるって訳さ」

列車が動き出すと、ホームにいた数人の人々が手を振った。誰も知り合いのいないわれわれも、何でもいいから構わずに手を振った。過ぎゆく列車を眺めていた線路工夫たちは仕事の手を休めて何人かが手を振り、一人の男はわれわれにずっとVサインを送っていた。

「僕はずっとケペル島で働いていたんだよ」と、カナダ人。「半年働いて、半年休むのが生活信条さ」

「そりゃあ最高だね。僕はこの夏、カナダへ行きたかったのだけれど、切符が取れなくてね。それに空港ストライキもあったし……」と私。

「君は英語がうまいね。僕がバンクーバーで知っている日本人よりずっとうまいよ。ところで、日本じゃ何をしてるの?」

「教師」

「ふーん……」

彼は大きなバッグをごそごそかきまわしてノートを取り出すと、はさんである二枚の写真を見せてくれた。「恋人」ということだったが、そこには褐色の肌をしたラテン系の美女がオールヌードで写っていた。

「誰が写したんだい？」

「もちろん、僕だ。去年、彼女と一緒にシンガポールへ旅行したんだ。素敵だったぜ」

「どこを見た？　何もないところじゃないか」

「どこも……つまり十日間彼女とずっとベッドに入っていたのさ」

それなら何もシンガポールまで行くこともあるまいと私は思ったけれど、何も言わなかった。でも、そんなことを話しているうちに、われわれは互いに意気投合した。その人と馬が合うかどうかは、第一印象である程度わかるものなのかもしれない。彼はまるで年齢不詳な人間で、五十歳近くにも見えるし、三十歳位にも見えた。

外は次第に黄昏だして、荒野の向こうから大きな月が顔を出した。私はこれほど大きくて黄色い月を、今まで一度も見たことがなかった。月は列車に合わせて、地平線の上をゴロゴロと転がっていたけれど、しばらくすると諦めたようにポッカリと浮かび上がってきた。そしてその後には、薄青い虚無だけが広がっているかに思われた。

景色が紺色のヴェールに包まれた頃、われわれは食堂車へ行き、大きなハンバーガーを食べた。

彼はとてもジョークがうまく、売店にいた二人の女の子はケラケラ笑うのだった。

ガタガタ揺れる食堂車の椅子に掛けながらビールを飲み、互いに自己紹介するのを忘れていたのに気付いて、名乗り合った。彼の名はD・シンクレア。イギリス系カナダ人だという。「結婚は？」と聞いたら、「離婚したんだ」と陽気に言い、「彼女と十年間ロンドンにいた。これは恐るべきことだよ。互いにあまり理解できなかった。仕方がない、運命さ」、ニヤリとして、こう付け加えた。

隣のテーブルには、色の黒いアボリジニーの男がいたが、酔払った上にスラングが強く、何を言っているのかまるで理解できなかった。シンクレアも「わからん」と言う。かわるがわる金を出し合ってビールを飲んだけれど、一体何本飲んだのだったか、もう覚えていない。

しばらくすると、前のテーブルに二人の子供を連れた太った女性が座った。子供たちはやたらに騒ぎまわり、おまけに両手はチョコレートでべたべた。私はその手で三回も触られてズボンが汚れてしまった。しかし母親は全く気にするでもなく、ビールを飲みながら煙草をふかし、テーブルで一人トランプ占いを楽しんでいる。子供たちが床に転がって、落ちているチョコレートや汚れたナプキンで遊び出したときになって、ようやく彼女は自分のベルトを引き抜き、それで子供らを打ちだしたのだ。

子供は「痛いよ！」と泣き叫び、彼女は大声で怒鳴り散らす。

シンクレアは「きちがい女だ！」と怒りながら、「子供をベルトでぶつな！」と立ち上がった。

そこで母親は自分のテーブルに戻ると、再びトランプ占いを始めたので、子供らも泣きやんだ。

「ああいう女は全く許せないよ」

彼は少し興奮していた。


やがて彼は、自分が行った多くの国の話をしだした。私も今までにいろんな国々をまわったけれど、彼はその倍ぐらいの国に行ったことがあるのだった。二人とも、ある国の同じ場所を知っていて、「あそこは危ないよ」とか、「あの街は綺麗だ」とか、互いに確認し合った。

いつの間にか隣のテーブルに座っていた男は消えて、今度は紫色のセーターを着た金髪の若い女性が一人ビールを飲んでいる。彼女を見ると、シンクレアも私も興奮して、互いに目を見合せてニヤリとしてしまった。しかし、彼女はとても悲しそうに見えたので、声をかけるのを遠慮したのだった。

列車がゴトンと大きく揺れて、テーブルの上の灰皿も缶もナプキンも全て床に落ちた時、初めて「ごめんなさい」と彼女は口を開いた。

「どこから来たの?」とシンクレア。

「ロッキーから」

私たちはまたまたビールを買ってきて、今度は三人で乾杯した。シンクレアは立ち上がると、どこから見つけてきたのか、カードを手にしていた。三人でラミーをやる。

時間は驚くほど早く過ぎ去り、酔いもまわってだいぶいい気分になった。時計を見ると、既に十二時をまわっている。カードは二十回ほど勝負して、私は三回勝っただけ、あとはシンクレアと彼女のものだった。カーテンを開けて外を見ると、月は天空に舞い、果てしない荒野は雪のごとく輝いていた。

コンパートメントに戻って電気をつけたら、三段ベッドの一番下にはもう金髪の女の子が眠っていた。われわれは彼女を起こさないよう、すぐ明かりを消し、物音を立てずにそっと「おやすみ」を言って、床に就いたのだった。

次の朝、六時半頃シンクレアはベッドの上の段でゴソゴソしている。眠たい目を開けて、「おはよう」と言うと、彼は度の強い眼鏡をかけて、ピンクのセーターをまとい、「やあ、気分はどうだ」と微笑んだ。

「少しばかり二日酔いかな。でも、君のレンズはずいぶんと厚いね」

「ああ、昨日はコンタクトをしていたのさ」

今日も天気はよく、空には雲ひとつない。

やがて、下のベッドでも音がしてきたが、昨夜、女の子だと思っていたのは、十歳ぐらいの男の子だった。身体が不自由で、首から背中にかけて矯正用の金具をはめていた。

「眠れたかい？」と聞くと、「まあね」と、はにかみながら答えた。

列車は午前八時にブリスベインに到着した。珍しいことにたった三十分しか遅れなかった。私はここから乗り継いで、午後三時の列車でシドニーへ、そしてシンクレアは十二時の飛行機でオークランドへ行くのである。

「それじゃあ、くれぐれも気をつけてね」と言うと、彼は「おいおい、まだ時間はある。朝の珈琲でも一緒に飲もうや」とウインクする。

荷物を預けてから、われわれは光あふれる街のなかを散歩した。金曜日で週の仕事納めのせいか、人々はみな会社へと急いでいる。週給も多いこの国では今日が給料日でもあるだろう。私は、日本に帰ってからのことなどをふと考えてしまった。中央公園のそばに落ち着いたカフェを見つけたものの、二人とも昨夜の酔いが残っていたから、オレンジジュースをたのんだのだった。

その時、「君はいくつだね」とシンクレアが尋ねてきた。

「いくつに見える?」と言うと、「二十代後半だろう」とのこと。

「いやいや、もうとっくに三十は過ぎたぜ。この国に到着した日がちょうど誕生日だったから、最近一つ年をとったがね……」

われわれは偶然にも同じぐらいの年齢だった。彼の明るい、そしてユーモアに富んだものの言い方が、私はとても好きになっていた。

カフェからは、通りを急ぐ女の子の姿が眩しく見えた。その向こうにはバスを待つ人々がおり、シンクレアは「あそこの金髪の娘、いい感じだねえ」とウインクする。しばらくそこで話した後、朝の光が反射する中央公園を抜けて駅に引き返し、ホームのなかにあるシャワーを浴びた。一ドル四十セントは高いと思ったけれど、シャワーの後でタオルを返すと、一ドル戻してくれた。つまり一ドルはタオルのデポジットだったのだ。

ホームの外れで、二人肩を組みながら写真を撮った。

「日本へ帰ったら送るよ」と言うと、彼は、「バンクーバーじゃなくて、シドニーの恋人のところにしてくれ」と、彼女の住所を教えてくれた。もう十時近く、彼は空港へ行かねばならない。

「君も空港まで来るかい？」

「ああ、いいとも」と、一緒にタクシーに乗り込む。

車はたくさんのヨットが浮かぶマリーンや、郊外の美しい住宅街を抜けて空港へ向かった。運転手が口笛を吹きながら、「どこへ行くんですか？」と聞くので、「オークランド」と答えた。

空港もまばゆいばかりの光にあふれていた。本当にこの街は「サンシャイン・シティ」と呼ばれるだけのことはある。チェックインの手続きが済むと、われわれはまたカフェに座ってジュースを飲んだ。

「オークランドで十日間も何をするんだい？」と聞くと、「まあ、また誰かとベッドインしてるさ」という答え。

シンクレアとの別れは、実にあっさりしていた。われわれは互いに、何となくすぐにでもまた会えそうな気がしていたのだ。

「シドニーに帰ったら僕の恋人を訪ねるといい。友人だといえば、きっと親切に面倒をみてくれるだろう」

「ありがとう」

「いやいや」

「いい旅をね」

「お互いさね」

「じゃあ、また」

彼は税関のなかへ消えて行った。


市内へ向かうバスはなかなかやって来ず、私は午後の列車の出発時間が少々気になっていた。結局、バスが来たのは一時間ほど後になってからだ。


荷物を預けたままだったから、再び駅に向かった。そこには、さっきのタクシードライバーがいて、「おや、旦那、オークランドに行ったんじゃないんですか?」と、不思議そうに尋ねる。

「いや、ただ親友を送って行っただけなんだ」

私はニコニコしながら答えた。

［9］ インドの夢

空港からタクシーを使わず、乗合バスで市内に向かった。タクシー一二〇ルピー、バス二十五ルピー、ずいぶん違うものだ。もっとも、一ルピー七円ほどだから、円に換算すれば大した節約でもないのだが。恐ろしく湿度が高く、シャツは濡れて背中にこびりついた。

途中、バスは国内線専用の空港に立ち寄って、ほどんどの乗客はそこで降りてしまったので、結局、市内まで乗って行ったのは私一人だけだった。ところがどういう訳か、市内に入ってから突然バスが動かなくなってしまい、運転手は一人で棒をもって、前へ行ったり後ろへ行ったり、あげくは車体を叩いたりしている。一時はどうなるかと思ったけれど、二十分ほどして、やっと再びエンジン始動。ちょうど午前四時頃であったろうか。街中ではたくさんの人々が地べたに転がって寝ていたから、ウンウンうなる大きなエンジン音で、何度も彼らの安眠を妨げてしまったのではあった。でも、文句を言う人は誰もいなかった。西の地平線には、大きな白い満月が浮かんでいた。ひと月前、ミコノス島で見て以来の満月である。バスの運転手は、大きく立派なホテルの前で私を降ろしてくれた。アポロというホテルを空港で予約したから、前もってその名を彼に告げておいたのだ。

荷物を持ってフロントへ。しかし、それにしてもずいぶんと豪華なホテルではあった。つまり、運転手は私がアポロと言ったのを、何故か「オブロイ」という五つ星の高級ホテルと勘違いしていたのである。空港から乗合バスに乗るような人間が、こんなホテルに泊まるものかどうか、ちょっと頭を働かせればわかりそうなものではないか。フロントで一泊一五〇ドルという値段を聞いてびっくり。確か空港では十ドルと言っていたが、と頓珍漢なやり取りがあった末、結局予約したホテルそのものが違っていたことが判明したのであった。フロント係はしかし親切にアポロホテルの場所を教えてくれた。

五ルピーのはずのタクシーに十ルピーを請求されつつ、到着したアポロホテルはなんとも貧弱な感じである。フロントでは無愛想な親父が眠たそうに不機嫌な顔をして、こちらをにらんでいた。

「今、五時で、明朝三時に出発するから、一泊分にしてくれないか」と言うと、

「いや、二泊分いただく」と頑として譲らない。

「では、さようなら」と、さっさと出てきてしまう。

しかし、まだ真っ暗な見知らぬ街で、どこへ行くというあてもないし、おまけに十一時間も飛行機に揺られて、眠たいやら疲れているやらではあった。

足はひとりでに、近くにある立派なホテルに向かっていた。これがタジマハールホテルであった。

ランクでは、先程のオブロイより上のはずである。数十年後、ここがテロリストに占拠されて爆破されようとは、当時知る由もなかった。

立派な口髭ときちんとした民族衣装を身につけて立っているドアボーイには、思わずこちらの方が最敬礼してしまいそうになった。彼に、一泊いくらかを尋ねると、「詳しくはわかりませんが、五五ドルぐらいではないでしょうか」と言うので、勇気づいてなかへ入る。ところが残念ながら、値段はオブロイよりも高く、一七〇ドルとのことであった。しかし、オブロイ同様、フロント係は非常に親切で、自分のホテルの裏にある小さなディプロマという二つ星ホテルを紹介してくれた。行ってみると、そこは一泊分で泊めてくれるとのこと。空が白み始める頃、やっとベッドに入ることができた次第である。

ある寺院のまえで

五度目のインド。しかし、いつ来てもこの国の持つ神秘とパワーには圧倒される。恐らく何千年も前から、人々は今と同じ生活を繰り返してきたに違いない。裏通りはゴミと人々の熱気、それに酷暑でむっとする悪臭。物売りの声、大声で何か争っているような男女。鳴り止まぬクラクションの音、ぶんぶんうなるエンジン音。前から歩いてきた老人が、すれ違いざま立ち止まって腰を屈め、勢いよく手鼻をかむ。

ここにはあらゆるものが同居している。ひと握りの金持ちと、大多数の貧乏人。暴力、売春、炎熱、悪臭、よそ者を受けつけないスラム街。病気にかかった子供たち。死んだように地べたに転がって、動く力もない老人。うずくまったまま身じろぎもしない若者。赤子を抱いて、物乞いに来る女たち。信号で車が止まるとおびただしい数の乞食や物売りたちが群がって来る。車に乗っているのは金持なのである。たとえそれがどんなにオンボロであったとしても。飢えと貧困。欲望と羨望。ここにはあらゆるものがあった。欠けていたものは、恐らく二つだけだ。つまり、大いなる寒さと果てしない希望である。

スケートボードに乗った両脚のない男。おまけに片目が潰れ、左腕は短い。

「ハシシを買わないか?」と寄って来る。彼の背は、私の腰より低い。

「いらない」と言うと、「宝石はどうだ?」と言う。

「いや、結構だ」

人の良さそうな鬚面がニタリと笑う。

「君が好きになりそうだけど、残念ながらお役に立てないね」と私は言った。

「いいよ、ミスター。どうってことないさ」

男はそう言うと、健康な右腕でグイと地面を押した。スケートボードは意外なスピードで私の前から遠のいていく。

ヒンディーのお祭りだ。海岸に何万人もの人が繰り出している。タクシーで町の反対側にある寺院に向かった私は、おかげで車の大渋滞に巻き込まれてしまった。

様々な方向から色とりどりの行列がやって来て、それらの先頭には、きまって笛や太鼓に合わせて踊り狂う人々がいた。少ない行列で十五人前後、多くなると二百人以上もいるようだ。皆、強烈なピンク色の蛍光塗料らしき絵具を顔や頭に塗り、ときおり、同じ色の粉を撒き散らす。先頭集団の人々のなかには、もうすでに恍惚状態になって踊っている人がたくさんいる。その後に、日本でいえば御神輿にあたる、象の形をした神ガネーシャや女神クリュシナを乗せたトラックが続く。これにも、屋根や荷台にびっしり人が乗り込んでいる。

単純なリズムが果てしなく続き、行列のあちらこちらで爆竹が炸裂する。恐らくどの行列も、目指すはこの海岸なのだろう。海に近づけば近づくほど、日本の満員電車に乗っているような状態になる。この騒音や色に較べたら、日本の祭りはよほど上品だ。

夢を見た。

子供時代の女友達が現れて、われわれはデートの約束をした。しかし、空模様があやしく、おまけに彼女はあれが始まってしまったという。

「ごめんなさいね。でも、あなたのこと好きなのよ」

中等部のグラウンドだ。私は傘をさして、その人は少し離れたところで、雨に濡れている。そして激しい憧れを抱きながら、何もできずに私はただただ黙って立ち尽くしている……。

真夜中に誰かがドアをノックする。時計を見ると午前一時。こんな夜更けに一体誰だろう。ヨーロッパとの時差のせいで、眠りは比較的浅かったのだけれど、それにしてもまだ少々眠たかった。

「すいません。ちょっとドアを開けてください」

と男の声。日本語である。

すぐベッドを離れて電気をつけ、ドアを開けようとする。ところが、ズボンを穿いていなかったと気付き、どこに脱いだのだったかなとぼんやりした頭で考える。しかし、そのうちにはっきりと目覚めてきて、「待てよ……」と思う。

私がこの部屋に泊っていることを知っている日本人はいないはずだ。フロントの人間は皆、英語しか喋らなかったし、昨日知り合ったバシール君も、日本語は全く話さない。おかしいぞ。

「なんのご用ですか?」と聞いてみる。

何かムニャムニャと言って、はっきりした返事がない。

もう一度、「どうしたの?」と尋ねる。

「実はお金を失くしました」

「それで?」

「それで、日本人として、少しお金を貸してくれませんか?」

「……」

「信用してくださいよ。私はゴールドをたくさん持っているんです。嘘じゃありません」

ますますおかしなことを言う奴である。言葉は流暢だが、どうも怪しい。

「金なんか持ってませんよ。人に借りる前に、ゴールドを売ったらいいじゃないですか。あるいは、フロントか大使館へ行って相談したらどうですか」

そう言って私は真夜中に起こされたことに少し腹も立って、電気を消し、またベッドに戻ってしまった。

「お願いしますよ。ドアを開けてください!」

もう私は何も答えなかった。

「たのみますよ」と何度かドアをノックする。

そのうち男は、「あんた日本人だろ!」と大声を出す。その間、二、三分。痺れを切らしたか、足音が廊下を遠ざかっていく。

私は変な奴だと怒っていたが、そのうちだんだん冷静になってよく考えてみると、今度は急に恐ろしいことだと思う。きっと男は、私から金を巻き上げようとしたに違いない。アメリカ、ドイツをまわって帰り旅だから、金など全然持っていないのに、他人がそんなことを知る由もなく、恐らく日本人であるということだけで狙ったのだろう。あるいは、私はこの頃少しばかり金持ちに見えるのかもしれない……。

もしあのますぐドアを開けていたなら、どうなったのかと考えてみる。男はナイフかピストルでも持っていただろうか。あるいは、空手か何かの有段者でもあったか。十代の頃なら大立ちまわりも嫌ではなかったけれど、今ではもうまるで人と争う気はしない。たとえ言葉を使った争いであっても。

しかし降りかかる火の粉は振り払わなければならないし、テーブルの上にはわずかに残った米ドルと、それから昨晩果物を食べたときのままに、鋭いスイス製ナイフが置き去りにされていたのだ。もし奴がナイフを持っていたなら、私もナイフで争ったか、それともおとなしくなけなしの金を渡していたのか、そのときになってみなければ自分でもわからない。あるいは奴はピストルを持っていて、争った私は、朝死体となって発見される……。日本の新聞の片隅に、「日本人男性、インドで変死」との記事が小さく載るのだろうか。

そんなことを考えたら、ますます目が冴えてしまった。ラジオの英語放送を聴きながら、いつの間にか眠ってしまったらしく、再び目覚めたら朝の九時になっていた。懐かしい英語の言葉のリズムは、私を安心させてくれたようだ。

エレベーターの前へ行くと、真っ黒い顔に白いターバンを巻いた男が無愛想につっ立っている。初めはホテルの客かと思ったのだが、彼はエレベーターボーイだった。

私は彼に昨夜こんなことがあったよと説明した。

「サー、あなたは懸命でした。恐らくその男は悪い人です。今度そんなことがあったら、すぐに私かフロントに連絡してください」

「うん、わかったよ。いいとも。今度、またあいつがやって来たら、必ずフロントか君を通せと言っておこう」

私が答えると、ボーイは初めて白い歯を出して、ニヤリと笑った。

[10] 幻想の都　イラン　一九七五年

ラビリントス

記憶のエアポケットといえるような過去がある。意図的に忘れようとした訳でもないのに、いつの間にか過去のその部分だけポッカリと穴があいて、存在したこと自体が幻であったかのような、大きい空白になっている。

長いこと私は、漠とした喧噪のなかにいた。大人が三人並んだら、もういっぱいになってしまうほどの細い路地だ。そのなかを、チャドルを被った女たちが行き交い、時折驢馬の背に重たそうな粉袋を載せて、いかにも人は信用しないという目付きをした髯面の男たちが黙々と通り抜けていく。何と大きなバザールなのだろう。先程からすでに何時間も自分が入って来た場所を探して、このラビリントスのなかを歩きまわっている。一本の路地は二又になり、適当に一方を歩いて行ったら、今度は三又になった。それでもなお、気にもかけず進んでいくと、それはさらに四本に分かれていた。気がついたとき、私はもう自分の道がわからなくなっていた。貴金属を売る店、野菜を並べている店、絨毯を重ねている店、粉屋、本屋、その他何を商っているのか分からない店がびっしりと軒を連ねている。場所によっては、通路に弱々しく日が差し込み、まるで教会のステンドグラスの透明な部分を通過して幽かに届いてくる光のようにも感じられる。

さらに歩いて行くと、突然小さなモスクの前に出た。ほの暗い通路から光の溢れる境内を見ると、それは燦然と輝き渡り、まさに神の居所に相応しい場所と思われた。しかし、目が慣れるに従って、モスクに入ったヒビや、やや傾きかけた壁がはっきりと見分けられた。奥からは、しきりにコーランの響きが聞こえてくる。数人の髯を伸ばした男たちが、恍惚の状態で祈りを捧げている。境内は、グラナダにあるアルハンブラ宮殿の中庭にも似た雰囲気だったが、あれほど洗練された美しさはなく、もっと野暮ったくて、忘れられた寺院と言ってもいいほどのものであった。

私は、カイロやイスタンブールにあった馬鹿でかいモスクを思い出していた。蒸し暑い夏の夕暮れ、モハメド・アリ寺院の前に腰を下ろしていた私の前を、たくさんの兵士を乗せた軍用トラックが幾台も通り過ぎて行ったのは、第四次中東戦争の始まる前の頃であったろうか。なかの何人かは、大声で陽気に歌をうたっていた。手を振ると、全ての兵士たちが一斉に手を振って私に合図をした。一台がそうして通過すると、その後に続くトラックの兵士たちも、みんなこちらに向かって同じ様に手を振るのだった。ニコニコしながら兵士たちはアラビア語でこちらに向かって何事かを叫ぶのだが、残念ながら私にその言葉はまるで理解できなかった。いずれにせよ彼らには、こんな場違い

テヘランの町

なところに佇む東洋人が非常に珍しかったに相違ない。エジプト軍は一九七三年秋、六年前の戦いで占領された領土を取り戻すべく、イスラエルを奇襲攻撃したのであった。エジプトがイスラエルと平和条約を締結したのはずっと後の一九七九年、そしてシナイ半島が返還されたのは一九八二年である。

モスクの境内からは、それぞれの隅から四本の細い道が通じていた。一体、私はどの道を辿れば良かったのだろう。初めはもの珍しさも手伝ってブラブラ歩いていたものの、もうそろそろさすがにうんざりしていた。

境内を斜めに横切って反対側の路地に入ると、再び薄暗い同じような造りの店が延々と続いている。なかに一軒、裸電球を煌々とつけている絨毯屋があった。店の主は束ねられたたくさんの絨毯に背中を押しつけるようにして立ち、私に「どこから来たのか」と下手くそな英語で尋ねた。「どこからといえばドイツからだが、日本に帰る途中だ。しかし目下のところ、この迷路にはまりこんではなはだ困っている」と答えると、男はなかへ這入れという身ぶりをする。こちらの英語がわかったのかわかってないのか皆目見当もつかない。まあ、恐らくほとんどわかってはいないのだろう。とにかく、アメリカ人は大嫌いな国民なのだ。物を買うときにも、「お前は何人か?」と必ず聞かれる。万が一にもこちらが日系人やアメリカ系の人間であったなら、法外な値段がつくという訳なのである。「アメリカ人には〇〇の値段だが、お前は日本人だから半値でいい」という科白を私はいろいろな場所で耳にした。タクシーですら中古のベンツはフォードの倍の料金を取るのである。あるとき同じ距離を走って前と料金が違うので文句を言うと、「俺のはベンツだから高いのだ」という答えが返って来た。私の勝手な思い込みかも知れないけれど、アメリカ嫌いの国の人々には「ドイツ好き」が多いような気がする。「日本はどうか?」と聞くと、たいてい「次に好きなのは日本だ」という答えが返ってくるのが面白い。

男に案内されて、狭い階段を二階へ上がる。そこでは三人の若者たちが床に胡坐をかいて、各々三方の壁に向かい絨毯を作っていた。一人の若者が作っているのはもうほぼ完成に近づいており、赤を基調とした独特の文様はあまり他では見たことがないものであった。「全て長い時間をかけて丁寧に作り出す。まさにハンドメイドだよ」と男は説明する。「一枚どうかね。この小さいのはここでは約五十万円。でも、日本に持っていくと五倍から十倍の値段になるよ」。彼の言ったことは恐らく本当なのだろう。しかし残念なことに、私は絨毯にはまるで興味がなかった。それよりも、黄色い裸電球がぶら下がる窓もない息苦しいほどの部屋で、黙ってただコツコツと絨毯を織り続ける若者たちの熱心さに心を打たれていたのである。

男に礼を言って下へ降りた。

「ところで、どの道を行けば外へ出ることができるのか？」と尋ねると、「お前はどこから入って来たのか？」という返事。そういえば、私は自分がどの地点からこの巨大なバザールに足を踏み入れたのかもよくわかっていなかったのだ。「名前はよくわからないが、近くに王宮があって近衛兵が立っていたようだ」と答えたら、男はただ、「それならあっちだ」と私がやって来たのとは反対側を指差した。「ありがとう」と握手をしたが、彼はニコリともしなかった。

追憶1

明治以降日本は貪欲に欧米の文明を受け入れてきた結果、めざましい近代化を成し得たのであった。だが一方で、あまりにも西洋を崇拝した反動が日本人のアジア蔑視に繋がっていった一面も否めない。同様に、アジアとヨーロッパの間に横たわる中近東やインドなどは、まるで存在していないかのようであった。東洋、西洋に次いで中洋が脚光を浴び出したのは、石油問題や激しいテロ、イスラム国等々でマスコミが賑わい出したつい最近のことである。それにつれて日本でもわずかながらではあるが、イスラム教徒への関心が高まって来ている。

イスラム文化圏を旅して感じるのは、日常の一切が宗教に繋がっている点だ。そもそもイスラム

(Islam)とは、自分を完全に放棄して「神に身をゆだねる」という意味なのだから、そんな印象も当然であった。早朝、町中に突如として響き渡るミナレット(尖塔)からの朗々たるハザーンに、異邦人は度肝を抜かれるかもしれない。

イランは国境を接しているイラクとはただ一文字の違いだけれど、それぞれの文化圏は水と油の如く全く異なっている。つまり、イランは昔のペルシャ、一方のイラクはアラブなのだ。(イラン人自身は昔から「アーリア人の国」を意味するイランの国名を好んでいたようである)。分かりやすく言うなら、砂漠の民であるアラブ人たちは、厳しい自然のなかでの生活が全ての現実主義者である。つまり過酷な生活環境は、夢見心地の日常など許してくれないのである。これに対して、イラン的人間とは、「一般に著しく幻想的であり、神話的であり、その存在感覚において、いわば体質的に超現実主義者、シュールレアリストで」(井筒俊彦『イスラーム文化』)、論理的かつ幻想的感覚が合わさっているのだ。

今でも世界中到るところで、アラビア文学といえば人は『千夜一夜物語』を読む。ところが、このあでやかな夢幻の世界、絢爛たる夢と幻想とが妖しく交錯する世界、「アラビア夜話」の世界ほど本当のアラビアの形象から遠いものはないのだ。『千夜一夜』は真に正統的なアラビア文学ではない。それはアラビア語の外衣を着たインドとペルシアの物語文学にすぎない。

(井筒俊彦『ムハンマド伝』)

『千夜一夜物語』に登場してくる大入道や空飛ぶ絨毯といった奇想天外な魔法やファンタジーは、だからこれ全てペルシャ文化の影響によるものなのである。要するに、この物語はヨーロッパ目線で、アラビアを通って伝えられたインド、ペルシャの物語という意味なのだ。

テヘランのホテル最上階にあるレストランの窓から、雪をいただいて連なっていく山脈がすぐ近くに見える。あの山々の背後にはカスピ海があり、日本のように美しい田園風景が広がっているらしい。カスピ海とは反対側にあるペルシャ湾の方角には、紀元前三三〇年にアレキサンダー大王によって破壊された古代ペルシャの遺跡ペルセポリスがある。勝利はしたものの、大王はペルシャ文化の絢爛豪華さに絶句したという。ミュンヘンのアルテ・ピナコテークにあるアルトドルファーの傑作『アレキサンダー大王の戦い』は、このときのダレイオス三世との戦闘を描いたものだ。ダレイオスは妻子も捨てて逃亡したものの、最後は部下に殺されてしまったらしい。一部の学者は、西洋とオリエントとの確執は、もうこのときからすでに始まっていたのではないかと主張するほどだ。

ペルセポリス遺跡近くのシーラーズは、十四世紀に活躍したペルシャの詩人ハーフィズが生まれ育った町である。私はゲーテ研究の泰斗K先生が熱く語っていた、ゲーテ晩年の『西東詩集』についての講義を思い出す。この題名は、若い頃から東洋への深い関心を持っていたゲーテが歌った東洋国の詩の意味である。この詩集のもともとの題は、「ペルシャの歌びとモハメッド・シェムスエディン・ハーフィズに絶えずかかわるドイツ語の詩集」となっていたことはあまり知られていないようだ。特に私の記憶に残っているのは「ズライカの書」(Buch Suleika)で、美しい彼女はここで女流詩人となって登場し、詩人ゲーテと情熱を競い合うのだ。

(ズライカ)
ユーフラテスに舟を浮かべていると
つい近ごろあなたからいただいた
金の指輪が指からぬけて
水の深間に落ちました

そんな夢でした。朝焼けが
木の間を透けて眼を射ました。
言って、詩人よ、言ってください、預言する人よ!
この夢の意味は何なのでしょう!　(『ゲーテ全集』(2)生野幸吉訳、潮出版社)

ズライカがペルシャ文学に現われる最も美しくて賢い女性の名であるのを私が知ったのは、ずっと後になってからであった。詩では実際、ハーフィズとゲーテがドッペルゲンガーのように重なって、どちらがどうと区別のつかない部分もある。

さ夜なかにわたしは思った
眠りのなかで月を見たいと。
けれど眠りがさめたとき
思いもかけず太陽が昇っていた。（ズライカの書）

晩秋のこの時期、雪はまだ山々の裾野までは下りてきていない。青空を背に朝日に輝く白い連山をぼんやり眺めていると、遥かな昔に忘れ去ってしまったはずの幽かな胸のうずきが目を覚ましてくる。それは遠のいて行った青春時代の誰かへのほのかな憧れか、あるいはどこか定かでない自分の帰るべき場所への郷愁だったのか、私自身にも良くわからなかった。ナンの焦げ目を手で払いながら、さまざまな追憶が頭のなかを掠めていった。

太陽が昇ります！　あの壮麗な出現！
月の鎌が太陽をかこっています。
日と月と、こんな一対をだれがひとつにしたのでしょう？
この謎、どうすれば解けましょう？　どうすれば？　（ズライカ）

テヘランの街は、人の多いところと全く人影のないところとが極端であった。ひとつだけいつも黒山の人だかりがしている場所といえば、映画館だった。少ない娯楽を求めて人々は開館前から入口の前に長蛇の列を作っていた。ひとつの目的を持って時が過ぎ去っていくのならば、彼らにとってその時間とは決して無駄なものではなかったのだろう。

映画館を狙った凄まじい爆弾テロが頻発するようになるのは、私がこの街を去った次の年からだ。ささやかな楽しみを求めて集まってくる女や子供や老人や、社会の一番弱い立場にいるこうした人々をターゲットにしたテロリズムは、何のためのものだったのだろう。罪もないひ弱な庶民の殺傷を平気で肯定していく論理とは、一体誰のためのものだったのか。

昼下がり私はよく、赤い看板の下がっているウィンピーの店に出かけてハンバーガーを食べた。それはナンや濃いミルクとは違って、えもいわれぬ西洋の味がした。そして私は長いあいだテーブルに頬杖をつき、行き過ぎる人々を眺めていた。近くには、気さくな爺さんが営む小さな洋書店もあったのである。

想像以上にこの国の近代化は進んでいると思う。他のアラブ諸国と一線を画しているのも、やはりペルシャという歴史的大国の影響を今なお引きずっているせいなのかもしれない。イスラム教シーア派のイランが、伝統的慣習を守ろうとする他のスンニ派の国々と具体的にどのように異なっていたのか、私には今ひとつ分からなかった。それにしても街中では一人も東アジア人の姿は見かけなかった。唯一、私が見かけた東洋人のグループといえば、空港近くの路上に整列していた大柄な中国紅衛兵の一隊のみであった。

暗い空港

真夜中近く、タクシー運転手は空港を間違え、私は国内線専用ターミナルで降ろされてしまった。ドメスティックとインターナショナルという簡単な言葉すら、彼は理解していなかったのである。真っ暗い中、水溜りだらけの泥道を重たい鞄を抱えて、隣にある国際線ターミナルまで移動するのは厄介な仕事であった。しかも、出発カウンターへ行くと、予約をしていたエア・フランス機に雷が落ち、離陸不能ということであった。オフィスにいたフランス人の小男は全く不親切で、「これは天災だから、当方にホテル代やタクシー代を支払う義務はない。次の便は三日後だ」と事務的に繰り返すのみであった。

そして三日後に飛び立ったこの機は、次のボンベイでエンジントラブルを起こし、乗客は六時間以上も飲まず食わずのまま空港ロビーで待たされた。これ以降、私はただの一度もエア・フランスを利用したことはない。仕方なくタクシーを拾い、今まで宿泊していたホテルへ戻った。空港から市内までのリムジンサービスなどという気のきいたものはなかったし、時間も遅く、乗り合いバスの運行もとっくに終了していたから。

ホテルのフロントで、顔なじみの男が眠たそうな目をこすりながら私を迎えた。しかしその表情は人を歓迎するというものではなく、むしろ憎しみさえ浮かべているように感じられた。

「空港で飛行機に雷が落ちてね、飛び立てないんだよ。あと三日この国にいなきゃならないんだ……部屋あるだろうね」

「ええ」

「よかった」

「あなた、ところで、昨日ドイツへ国際電話して、お金払いませんでしたね。ひどいじゃないですか、踏み倒すなんて！」

男の語気は荒い。

「確かに国際電話を申し込んだけど、結局回線はまるで繋がらなかったんだ。そのことは昨晩ここにいた男に話して、オーケーということだったが……チェックを忘れたんじゃないのかね」

「そうですか」

「そうだとも。第一、料金踏み倒して、またノコノコと同じ宿に戻ってくる馬鹿があるものか！」

男は何も言わない。謝りもしないし、人を疑って申し訳ないとも思ってはいないらしい。私はもっと激しく抗議して別のホテルへ移ってもよかったのだろうが、そうするにはあまりにも疲れ過ぎていたし、また、金の残りも少なかった。当時、(この国で)カード払いなど不可能であった。

「とにかく、明日にでもその男か電話局に直接聞いてみればわかるだろう」とだけ私は言った。

男は両手をパッと広げてから、私に部屋の鍵を渡した。それが何を意味していたのかはわからなかったけれど、いずれにしろ、こんな奴には何の興味もなかった。今の私なら恐らく、謂われなく自分が疑われたことで不愉快になり、荷物をまとめてさっさと別の宿を探しているだろう。

昔と今の自分を比較すれば、私は性格がずっと穏やかだった昔の方がはるかに好ましく思われる。人は年を経るうち、世間にもまれ、裏切られたり、好意が仇になったり、好むと好まざるとにかかわらず次第次第に鍛えられていくのだろう。

強くなるのは悲しいものだ。ものを知れば知るほどとても悲しくなっていくのと、それは良く似ている。

追憶2

先ほどから、しきりに記憶の断章をまとめようとしている。ある部分はまるで大きな一枚の写真のようにしっかりと脳裏に焼き付いているのに、別の部分はいくら努力してみても断片的にさえ思い出すことはできない。

私はタクシーの助手席に座り、果てしなく続いていく白い山々と並んで走っていた。さまざまな国で運転をしたことはあったのだが、この国の雑踏と市内の渋滞のなかを通り抜ける自信はなかった。自分は海抜千メートルのこの高地で何を目的とし、一体どこへ走って行こうとしていたのか。ドライバーは幾つぐらいで、どんな顔をしていたのか。われわれは何の話をしていたのだったか、もう全て記憶のなかから消え失せてしまっている。不毛な大地をときおり、数十頭の羊の群れがゆっくりと移動していく。

革命が勃発して、人々がパーレビ国王を追放してしまったのは、それから間もなくのことである。空港近くにあった民族博物館の白い塔を持った建物は今では、革命記念のシンボルになっているようだ。頭にターバンを巻き、白い髯を生やして眉間に皺を寄せたイスラムの坊主がこの塔を背にして演説している光景を、その後、私は何度もテレビや雑誌で見かけた。人々のエネルギーは留まるところを知らず、彼らの反米感情は高じて、結局、アメリカ大使館占拠にまで発展した。今にして思えば、すでにあの当時から民衆の王家に対する不満や、アメリカへの憎悪は静かに蓄積されていたのだろう。

彼らはほとんど全ての西洋文明化を拒絶したのである。私は、まだ表面的には平和であった頃の街の表情を、ときおり思い出すことがある。車の混雑のひどかった大通り、そして一歩裏通りに入れば、そこにはせわしなく行き交う人々の生活があった。何羽もの小鳥たちが並木に群がって、しきりにさえずっていた。

今、イラクとの戦争で爆弾の飛び交うなかでも、鳥たちは昔のように綺麗な声でさえずっているのだろうか。あのときによく出かけた市内の小さな洋書店の老人は、まだ元気でいるだろうか。そして、赤い看板を掲げていたあのウィンピーは、どうなっているのだろうか。

［11］ある日、ほほ笑みの国で

ブラックジャック

大通りを歩いていたとき、一人の若者に声をかけられた。流暢な英語を話し、人懐っこい顔にはまだどこか少年の面影を残していた。

「日本人？」と聞くので、「そう」と答えると、「実は、姉が千葉で歌手をしていたので、自分も三カ月後に日本に行くんです」とのこと。「お茶でもいかが？」と誘われたものの、近くに適当なお店はなかった。すると彼は「よかったら家に来ませんか？　ここから数分のところですから」と招くのだった。「いま帰国して、家にいる姉もあなたに会ったら、きっと喜ぶでしょう」と微笑みながら言うので、ついこちらもその気になって、一緒に行くことにしたのである。

ところが、彼の住んでいたのはそこから数分どころか、タクシーで高速道路を四十分近くも走った町外れだったのである。高速道路を下りて裏道に入ると、のんびりした田園風景が広がり、多くの人たちが道端で行商しているのだった。そして、小さな村落を抜けると突然思い出したように再びモダンな住宅街が現われて、若者はその一角の小奇麗な家に住んでいたのだった。彼がタクシー料金を支払い、二人で門をくぐった。

しかし彼の姉は、叔母に赤ん坊が生まれそうなので、病院に付き添って行ったとのことで、せっかく来たのに会うことはできなかった。若者は「申し訳ない」と頭を下げた。家の奥から、小父さんと称するやや小柄な中年男が現われたのは、われわれがジュースを飲んでいたときだった。

「ようこそ」と彼は自己紹介をする。私も「自分は日本から来た旅行者で、今夜の便でドイツに行く予定なんです」と言った。

すると小父さんは、「それは結構。実は、私は南ドイツのバーデンバーデンに半年間住んでいたことがあるんですよ」とのこと。彼はその町のカジノで働いていたプロのギャンブラーだったのである。そして今はマカオのカジノに移って、やはり半年働いた後、二週間の休暇をもらって家に戻っているのだという。

「ところで、あなたはギャンブルはお好き？」と突然の質問にとまどいながら、「やったことはありませんね」と答えると、小父さんは少し残念そうな顔をした。

彼は立ち上がって隣の部屋へ行ってしまったから、私は再び若者とジュースを飲んで、とりとめもない会話をしていたのだ。何しろ、彼のお姉さんがすぐにでも病院から戻って来るものとばかり思っていたのだから。

しかし、彼女はなかなか帰っては来なかったので、私もさすがにお暇しようとしたのだ。すると若者は「どうか昼飯を食べて行ってください」と言うのである。こちらが迷っていると、再び現れた小父さんが「ぜひ、ブラックジャックをやろうじゃないか。とても簡単だから」と誘いにきた。

彼は食卓に白い毛布を被せてから、ブラックジャックの説明を始めた。エースは1か11、絵札は10、そして全ての数を足して全部で21になればいいのだ。それ以上は全てブタとなる。若者と私は何度か練習をした後、ゲームを開始した。こちらが間違えると、小父さんは何度も丁寧に説明してくれた。

「ほら、2と6だから8、それではもう一枚必要でしょう。次のカードが勝負だ。何が出るか……。ほら、絵札が来た。つまり全部足せば18、21に近い数になったでしょう」

このとき、電話のベルがけたたましく鳴り響き、奥から、若者の叔母さんというまだ二十代と思われる綺麗な女性が現われて受話器を取った。相手は病院の医者らしいのだが、なぜか彼女は英語で話し、そして、「あと二、三時間で赤ちゃん生まれるそうよ」と、みんなに説明した。小父さんは若者の父方の人、叔母さんは母方で、いずれにしても、この二人が夫婦ということではないらしい。小父さんは素直に喜んでいた。

「私の三番目の子だ。上が女だから、今度は絶対に男がいいね」と言いながら、彼は私にも握手するのだった。それから彼はちょっと真顔になって、こう切り出したのだ。

「ミスター。実は、この近くのホテルにチャンという名の中国人が泊まっている。彼はブルネイからやって来たお金持ちで、大のギャンブル好き。どうだろう。あなたと私が組んで、ひとつ彼をカモにして儲けないか」と。私はどんな顔をしていたのだろう。彼はさらに続けた。「彼には分らぬよう、私はあなたに全てのカードを見せる。だから、あなたが負けることは絶対にない訳だ。子供ができるので、私もお金が欲しい」。

まるで気が進まなかったけど、小父さんがあまりに熱心に勧めるので、私は彼の子供のために渋々オーケーした。すると彼は、「あなたに損はさせない。この私の金を賭けてくれて結構だ」と、三百ドルを私に渡したのである。

彼はすぐにミスター・チャンに電話をかけた。待つことおよそ二十分。現れたのは、色の浅黒い人の良さそうな五十年配の中国人であった。

「やあ、はじめまして。ブラックジャックができるというから、飛んできましたよ。よろしく」

われわれは互いに握手を交わす。

さて、すぐに勝負開始。小父さんはさすがにプロで、そのカードさばきは本当に目をみはるばかり。

「さあ、ミスター。掛け金はいくらにするか」と言うので、私が先ほど預かった三百ドルをテーブルの上に出すと、チャンはあまり表情も変えずに、すぐに同じ額だけ出したのだ。彼は小父さんの隣の椅子に座り、私は二人を前にして座っているから、私のほうからは元締めである小父さんの配るカードが良く見えるという訳である。それにしても、チャンのところへ行くカードを、いつもさっと素早くこちらに見せてくれる手並みの良さには、御世辞抜きにただ驚嘆するばかりであった。何という早業であったろう。

最初の勝負は持ち金全部を賭けて、あっという間に終わり、チャンはしきりに残念がった。チャンは三百ドルを失い、私は一瞬にして六百ドルを手にしたのである。次に小父さんが「どうするか?」と聞くと、チャンは自分のカバンをテーブルに引きあげて、百ドル紙幣の束をひとつ無造作にポンと取り出すので、嫌でもカバンの中身がこちらの目に入ってしまった。おどろいたことに、そこには輪ゴムで括られた百ドルの束がびっしり詰まっていたのである。彼はこれ見よがしに、わざとそうしたのかもしれないのだが、そんなことにも私は気がまわらなかった。単純に見積もっても、チャンはいつも数千万円の札束を持ち歩いていたのだろう。彼は小父さんから千ドル分のチップを買い、再び勝負(というより、いかさま)が始まった。

小父さんはさらに、目にもとまらぬほどの鮮やかな手つきでカードを配り、おまけに三枚目のカードが必要かどうかを聞く場合には、一瞬だけチラリと私によく見えるようにしてテーブルに置くのであった。これでは絶対こちらが負けるはずもなく、私はまた勝って、取り分は千二百ドルとなったのである。

チャンはまたまた悔しがるが、小父さんのいかさまにはまるで気づいている気配もない。あるいは、彼も本物の役者ででもあったのだろうか。小父さんのテクニックがあまりにも巧かったと言ってしまえばそれまでなのだが、それにしても私には初対面のこの中国人の気持が理解できなかった。

チャンは二千ドルをカバンから取り出した。小父さんは再びカードを配り、こちらにはチャンの手の内が良く分かっている。彼のカードは二枚で19だ。私は14、そして次のカードが5であるのもわかっていた。われわれは千二百ドル賭けることにした。どうせ引き分けになるのを、こちらは知っていたのだから。ところが、チャンは自信があったのか、「もっと賭ける」と、千ドルを上乗せしさらに八百ドルも足して、「三千ドルの勝負をする」と言いだしたのだ。しかしこうした展開は、こんなゲームなど単なるお遊びと考えていた私の意図とは、まるで違うものであった。私としては、まあ高くてもせいぜい百ドルぐらいまでのゲームで、みんな一緒にワイワイ楽しくやればいいではないかと思っていたのだから。「私は残念ながら、そんな現金の持ち合わせはない」と断ったのである。すると中国人は、「あなたはクレジットカードを持っているでしょう。それを担保にしてチップを買えばいいのですよ」と勧めるのだ。

私は大いに迷った。というのも、小父さんたちに親切にされたことと、生まれてくる子のため彼にはお金が必要だということがわかっていたから。さらに、乗り掛かった船をここまで来て下りてしまうのも彼らに悪い、といった複雑で奇妙な感覚に陥っていたのである。だが結局、私は承知して、小父さんの差し出した紙に千八百ドルの借金オーケーとしてサインしたのである。勝負はどうせ引き分けになるのだ。

果たして、このゲームは勝負なしで、チャンは「なんだ、なんだ、あなた、なかなかやるじゃないか」と握手を求めてくる。しかし、勝負のないことがわかっていても、金を賭けているときの緊張感はもの凄いもので、ギャンブルに狂う人の気持が、ここにきて私にもやっと理解できた。こちらの勝つことがわかっていたとしても、金が大きくなって来るに従って神経も徐々に張り詰めてくる。金額が膨らめば、勝っても負けても、その緊張感はたまらないものだろう。そして、もし勝ったならば、その爽快感は一段と大きいだろう。

さて、チャンは、「私はビッグゲームが大好きだ」と、再び百ドルの札束を取りだす。私は、そろそろ危険だと感じ始めていたので、「ミスター・チャン、ちょっと待ってくれ。もう、この勝負だけでやめようじゃないか。私は、こんなに大金のゲームは想定していなかった。これは全く思っていたこととはかけ離れている」と言ったのだ。彼は、意外とも残念ともつかないような表情をしたが、しかしすぐに「オーケー、わかった」と承知した。この時点で、私は勝ったとしても金はチャンに戻すつもりになっていた。

そして今度は、小父さんの配ったカードで、こちらにはトータルで最高の21が来たのである。チャンはまた19だ。でも案の定、彼は四千ドル全部を賭けてきた。二人で八千ドルの勝負。これは紙に書かれた数字の魔法だろう。私にはまるで大金の実感が掴めてはいなかったのだから。しかし、良く考えてみれば、日本円ではすでに百万円を優に上回っている金額ではないか。私は異常に興奮していたのだが、チャンはまるで顔色を変えない。

ところが、いよいよカードをオープンする段になって、急に彼は、「私はあなたのクレジットカードを確認しておきたい」と言いだしたのだ。自分はずっとキャッシュで賭けているのに、あなたがそうでないのは不公平だというのである。

私は一枚を財布から取り出して見せたのに、彼は別にもう一枚別なカードも出すようにと要求するのだ。こちらはそんな必要はないと頑として拒否し、結局、もの別れ。その間に小父さんは封筒を持ってきて、チャンとこちらのカードをそのなかに入れて封印、二人にサインをさせる。

「最後の勝負だからね。厳重にしておくよ」

チャンと私の主張は平行線のままだったから、この時点でついに私は、「もうとにかく、今までの勝負全てをキャンセルしたい」と言ったのだ。「全て私が勝ったのだから、文句もないだろう」と。チャンは「どうして」という顔をした。今頃になって、この日本人は一体何を言っているのか……。

結局、私は我を押し通した。チャンも小父さんも折れて、三百ドルをこちらに、そして残りの金すべてはチャンに戻ったのである。もちろん、その三百ドルは小父さんのものだが。

つまらなそうに中国人が帰ってしまった後、私は小父さんに言った。

「悪かったね。でも、やはり彼を騙すのはいい気分ではなかった」と。「まあ、いいさ」と彼はポツリと言ったけれど、赤ん坊の出産費用を調達したかったというのは、本当だったのかもしれない。しかし、良く考えてみれば、実は、小父さんとチャンがグルで、最後の最後にはこちらのほうが莫大な借金を抱えたのかもしれないし、本当のところはよくわからない。小父さんは「いいよ、かまわないさ」と、もう一度言った。

それからわれわれは、美しい叔母さんが持ってきてくれたフルーツを黙々と食べた。いつ手配したものやらわからなかったのだが、しばらくするとタクシーがやって来た。先ほどの若者が「病院に行く」と言って、一緒に乗り込んでくる。車内で彼は、「日本円があったら、思い出にくれませんか」と言う。

「いや、自分で使う分しかないから駄目だ」

「じゃあ、この国のお金でもいいや。さっきのタクシー代も僕が払ったんですよ」

彼に少しばかりの金を与えた。

異様な緊張感の後で、とても疲れていた。ホテルに戻るまで、私はもう一言も口をきかなかった。

この年の暮れ、現地に住んでいる知り合いが次のような文書を送ってくれた。

〈在タイ大使館〉いかさま賭博への警戒

最近、若い旅行者がいかさま賭博に巻き込まれ所持金を巻き上げられるケースがひんぱんに発生しております。

タイでは賭博はご法度です。甘い話には罠がある。ご用心！　ご用心！

バンコクの観光地や盛り場でタイ人がよく声をかけてきて、自分の妹が近く日本へ行くことになったが、日本の事情がよくわからず母が心配しているので日本人の口から良く説明して安心させてやってほしい等と言葉たくみに自宅と称するところへ連れ込み（遠回りをするので後からその場所を探すことはほとんど不可能）、酒や食べものを出し油断させる。やがて親戚と称する男があらわれ、プロのギャンブラーと名乗りいかさま賭博の手口をやってみせトランプ賭博に誘い込む。トランプ賭博に慣れた頃合いを見て、一緒に組んでこれからやってくる人物（前にいかさまで負けたから今度はそれを取り返すのだ等と言うが、実は一味）から金を巻き上げそれを二人で山分けしようともちかける。最初は日本人が勝つがやがて負けはじめ、その原因は日本人がいかさまの手順を間違えたことにあるのだから責任を取るよう強要し、また、日本人もそのころにはかなり負け込んでいるので勝負から抜けられないような気分にさせられており、やがて賭け金が段々と吊り上げられ、気が付いたときには有金は全てとられてしまい、ついにはクレジット・カードをつかってでももっと金を出すよう要求される。なかには日本の留守宅から大金を送金させられるケースもある。

旅先で見知らぬ人を安易に信用すると痛い目に会うことが多いと肝に命じておいてください。

友人と一緒に

今からほぼ五十年も前のこと。ヨーロッパからの帰途に立ち寄ったこの街でパスポートを盗まれた。当時(今でも)、日本人のパスポートは高価で取引されていたようだ。タクシードライバーをしていたマライという友人がいろいろと面倒を見てくれて、こちらは大助かり。本当に、「持つべきものは友」であるのを実感した次第である。まだクレジットカードなどは普及しておらず、支払いはすべて現金のみという時代であった。マライはよく安い食堂や場末の居酒屋で私におごってくれたのである。

ある日、われわれは市内の土産物屋を次々と廻って、金をせしめたことがあった。タクシードライバーが店に外国人観光客を連れていくと、その客がたとえ何も買わなくとも、ドライバーは百バーツもらえたのだ。マライのアドバイス通り、私は借りたネクタイを締めカメラをぶら下げて、いかにも典型的な日本人観光客といったいでたちで彼と共に十数件の店をまわったのである。店の主人が私に見えないところでマライに金を渡す、するとすぐに彼は主人に分からぬよう、私のほうに「もらった」というサインを送ってくる。そうなったらもう店に用はないから、私はおもむろに「残念ながら欲しいのがありま

タイの寺院にて

せんね」などと日本語で言って、再びタクシーに乗り込む。われわれは数時間で千バーツ以上手にしたけど、これは当時この国の労働者の十日分にも匹敵したはずである。

車のなかで私は、「明日は二十軒まわろう。そしたらもっとお金が入るからね」と言った。マライは、良く意味がわからないという顔をするので、言葉が通じなかったのかなと思って、ゆっくり身ぶり手ぶりを交えながら「明日も頑張ろう」ともう一度言った。

「どうしてだ?」と彼が不思議そうに聞くので、今度は私のほうが言葉に詰まった。

「俺たちは今日、こんなに金が入ったんだ。しばらく働かなくてもいいじゃないか。そんなに動きまわる必要なんかないぜ」

なるほど。私は実に日本的な考え方をしていた。勤勉や一生懸命などという日本の美徳は、ここではちっとも通用しない。マライの言うのがもっともだと思った。

われわれはその晩、ちょっといい飲み屋に入って、ほとんどの金を使い果たしてしまった。

大使館へ

パスポート再発行の手続きに大使館に行こうと大通りを歩いていると、突然こちらの横に停まったカローラのなかから、「カモン、ボーイ」と声をかけられた。なかには若い女が三人乗っている。

「どこへ行くの?」

「大使館さ」

「方向が同じだから、乗せてってあげるわ」

「ありがとう」

私は、何の疑問を抱くこともなく乗り込んだのだ。

「日本人？」

「そうだよ」

「歩き方で、そう思ったわ」

彼女たちに言わせると、日本人はアジア人のなかでも独特の歩き方をするのだという。他とどのように違っているのかは説明してくれなかったけれど。カローラは急に交差点を曲がった。

「方向が違うんじゃないか？」

「ええ、ご心配なく。間違いなく大使館には送ってあげるわ。でもその前に、私たちのオフィスに寄って行きましょう」

「君たちのオフィスなんて、どうでもいい。僕は少しばかり急いでいるんだよ」

そうこうしているうちに車が着いたところは、裏町に立つ一軒の古いモーテルであった。

「ここが君たちのオフィスって訳か……」

と言ったものの、私はそのときになってはじめて、これはちょっとまずいなと思ったのだった。キックボクサーのお兄さんや、あるいはナイフやピストルを持ったマフィアもどきのおっさんたちが現われたら、大いに困る。何しろ、まるでお金など持っていなかったのだから。明るい昼下がりの町中で声をかけられたので、少しばかり油断があったかもしれなかった。

しかし、こちらの心配などどこ吹く風、彼女たちは車をさっさと車庫のなかへ入れてしまう。幸いにも、マッチョなお兄さんたちが現われることはなかった。

ところが、部屋へ入った途端、一人のお姉さんがいきなりTシャツを脱いで、大きな乳房を揺らしたのだ。まるで楕円形の西瓜のようなその大きさにこちらが唖然とする間もなく、次の瞬間お姉さんは私の頭を両腕で挟み、自分の胸にぐりぐり押しつけるではないか。私はちょうど巨大な西瓜乳房のあいだに顔が挟まって、まるで視界がきかなくなってしまった。

もう一人のお姉さんは、「私はマッサージしてあげるわ」と言いながら私をベッドの上に押し倒し、ズボンの上からやたらに身体をこすりつけてくる。いくらなんでも突然のこの攻撃は異様である。やっとのことで私は西瓜乳房から自分の頭を解放した。

すると、マッサージしていた女の片方の手は、もう一人の女と共に器用にこちらのカバンをまさぐり、マッサージの手はこちらのズボンのポケットあたりを擦っているではないか。そのとき、私に突如として激しい怒りが湧きだしたのだ。

「何をやってるんだ。いい加減にしろ!」

三人の女たちはこちらのあまりの剣幕に、一瞬凍りついてしまった様子であった。能天気で、人のよさそうな男が突然、こうも激高するとは思ってもいなかったのかもしれない。

「俺はこの国で、パスポートも持金も全部盗まれてしまったんだ。無一文の人間から、まだ盗もうとするのか。ここには泥棒しかいないのか。全くなんて国だ！」

この雰囲気の結果だったのか、あるいは彼女たちはまだこうしたことには新米だったのかよくわからなかったけれど、三人は急におとなしくなって、「あなた、ホントかわいそうね」と、いたく同情するのだった。

結局、われわれは再び車に乗り込んだ。そして、彼女たちは私を大使館まで送ってくれた。約束通りだった。

#［12］ 北京からタイへ

予約していたのは北京の古い下町地区胡同(ふーとん)にあるクラシックなスタイルのホテルで、清時代に大将軍が住んでいた家を改造したものである。ロビーに中国様式の家具や椅子、テーブルが並び、壁には達筆な掛け軸が掛かって、私はこの古き良き時代の雰囲気がいっぺんで気に入ってしまった。「子供の頃よく行った祖父の家は、これよりもっと立派だったわ」と、妻は少しもの足りなそうではあったが……。以前、ある図書館で胡同だけを特集した白黒の写真集を見てからというもの、私はいつかこの町を訪れたいと思い続けていたのである。

古い町並みは、ただ歩いているだけで何となく心を落ち着かせてくれるから不思議だ。歴史の刻まれた家々や石畳の道、そして人がやっとすれ違えるほどの路地、そんな町の持つ独特の雰囲気が、まるで森林浴をしているかのようにこちらの心を癒やしてくれる。ふと、カメラを忘れたのに気付いて部屋に戻ったのだが、再び外に出たちょうどその瞬間、街灯が消されてしまったのは残念であった。薄闇のなかで弱々しい光にあやしく浮かび上がる町の風景は、いい写真が撮れるのではないかと思っていたのに。

しかし次第に明るくなってくると、路上にはたくさんの痰や唾が落ちていて汚かった。犬を連れて散歩している老人たちも平気で痰を吐き、遠くからもそのげーげーいう音が聞こえてきた。日本でも昔は道端で平気で痰を吐く人や立ち小便をする人がいたものだが、いつの間にかほとんど見かけなくなった。こうした現象もやはり日本社会が文化的に成熟した証左だろう。また、町中からけたたましく響くクラクションの音が消え去ったのも、きっと同じ理由によるのだろう。

徹底的に車優先の中国では、まるで意味のないクラクションの大音響が到るところで響き渡っている。私は、子供の頃の日本がまさに同じ状況であったのを思い出すのだが、中国があと半世紀後に、今の日本と同じような社会環境になるとはとうてい思えない。日本には誰が命令するわけでもない漠然とした社会的風潮というものがあって、一人ひとりが意識することもなく自然に変わっていくような気質がある。中国の「一人っ子政策」でも、良し悪しは別問題として、政府が人口増加問題の切り札としてこうした政策を掲げなければ、なかなか問題は解決しないのだ。日本も戦前は「産めよ増やせよ」の時代であったが、しかし、敗戦後は誰が命じた訳でもないのに、いつの間にか急激に子供の数が減っていった。もし世界中の国が、日本と同じように社会的風潮によって自然と少子化ができるのなら、世界の人口問題など瞬く間に解決してしまうにちがいない。

最近はバイキングスタイルの朝食付ホテルが多いなかで、このクラシックホテルは別料金であった。三十種類ほどのメニューから、好きな品を好きなだけ選ぶという何とも面白い形式で、別のテーブルに載った珈琲や果物はセルフサービスで、その他は一種の飲茶スタイル。二人とも、水餃子や炒飯、小さな饅頭、蕗の油炒め、胡麻団子、腐豆腐にお粥等々食べ過ぎて、昼は抜くことにした。

済南

次の日、山東省の省都済南に向かった。

ホテルは、息子が勤める日系企業と提携しているためか、なかなかいい部屋にわれわれを案内してくれた。妻の話では、その階にある部屋すべてがホテルにとってのお得意様用らしく、エレベーター前のフロアーに置かれたテーブルには常に珈琲、紅茶そしてフルーツとクッキーが並べられて、珈琲のいい香りが廊下伝いに部屋のドア前まで漂っていた。

ゆっくり起きだして、バイキングスタイルの朝食をとる。このホテルは皿をもってやおらこちらが料理を取ろうとすると、すぐにボーイやウエイトレスが寄ってきてさっと皿に盛り付けてくれる。これもひとつの中国式の流儀らしく、客は料理を指さすだけで、後は従業員たちが全てを用意してテーブルにまで運んでくれるのだ。まるで王侯貴族にでもなったような錯覚が、一部の中国人にはたまらないのかもしれないけれど、日本人の感覚では十分に有難迷惑なスタイルだろう。

ホテル入口の角でリヤカーに窯を乗せた焼芋屋から小さめの芋を一本買った。二人ともまだそれほど空腹ではなかったけれど、中国の焼芋は日本のよりずっと美味しいのだから、やはり見逃せない。黄色くてやや水分を含んだそれは、口のなかに入るとまるで蜜のようにとろりととろけるのである。ほくほくした日本の芋も確かに美味しいけれど、こちらのはきっと種類がまるで違う。結局、近くの売店でビールを買って、部屋でほおばって幸せなひとときを味わったのだった。

相変わらず霧がかかったような空から、ときおり白い太陽が顔をのぞかせていた。

山東省の省都・済南の町

ホテルのバイキング朝食ではこのところ、黍や麦の入ったお粥に強烈な赤い腐豆腐を入れて食べるのが好きになった。初めのうちその腐ったような臭いに抵抗があったというのに、舌が旨いと知覚してからは全くその奇妙な味に嵌まってしまったのである。考えてみれば、フランスやドイツの黴の生えたような強烈に臭いチーズや日本のムロアジを開きにしたくさやだって、慣れてくるともう病みつきになってしまうのだから、何とも人間の味覚とは不思議なものである。

私は今日の朝九時半の飛行機で済南から北京へ行き、乗り換えてバンコクまで行く予定だった。仕事の都合で妻が忙しい一週間ほど、夫婦それぞれが別行動ということにしていたのである。

朝も町全体が依然として靄に覆われている。だだっ広い大通りを行くと、この夏に中国の国体が行われるために建設中という巨大な施設のいくつかが靄の中から浮かび上がってきた。北京の鳥の巣を真似たようなスタジアムや、大きな体育館、そしてそれらのすぐ傍に立つ市庁舎の立派なビル。広場の向こう側にこうした巨大建築が整然と並ぶ光景からは、この国が持つ未知の底知れぬパワーがヒシヒシと伝わってくる。中国が今後ますます発展を遂げていくのは疑いのないところだけれど、同時になんとなく予測もできぬ一種の不気味さといったものも私には感じられた。この国が一体どこへ向かおうとしているのか、まるで予測不能なのである。

タイへ

北京空港での乗り継ぎは、到着した三階の国内線ホールから出てエスカレーターで四階の国際線に移動するだけの簡単なものであった。タイではもう厚手のオーバーも手袋も必要ないからまとめてトランクに押し込み、出国審査のカウンターに向かう。

その時、見知らぬ中年男に後ろから肩を叩かれた。

「すみません。チケットを見せてください」

一瞬、空港警備の係員かと思ってチケットを示すと、「あれ、旦那さん、もうあまり時間がありませんぜ」と言うのだ。

「まだ時間は十分にあるはずだが」

「いや、この先、手荷物検査や出国手続きでだいぶ時間を取られますよ。私について来てください」と言いながら、男は小走りに横のほうへ移動していく。ちょっと驚いたのだが、こちらも「そうなのかな……」と、やや慌てて彼について行った。

彼は近道だと二階のレストラン街に入って細い通路を抜け、迷路のような店のあいだを走っていく。反対側の階段を降りる途中、一軒の店の前に立っていた若いウエイターが私の耳元で「奴に金を払ってはいけませんよ」とささやいた。

そう、男は「時間がない」と外国の搭乗者を焦らせ、空港内を走らせながら方向感覚を麻痺させて、やおら恩着せがましく税関検査ゲートまで案内して多額のチップを要求する詐欺師だったのである。

もちろん、不要に走らされた私は男にびた一文払わなかった。彼は怒っていたのだったが。

中国とタイの時差は一時間。夕刻に到着したバンコクでの入国審査もいたって簡単である。北京からの便に日本人は一人も乗り合わせていなかった。昨年、反タクシン派が空港ビルを占拠して、数日間飛行機の離着陸ができなかった事件以降、日本からこの国への旅行者は六割以上も減って、空港でも日本人グループの姿はまばらである。
スワンナプーム空港からエクスプレスバスで市内のホテルまで一五〇バーツ。気温二十七度でも、氷点下の北京からやって来た身にはさすがに蒸し暑く、珍しく少し偏頭痛がして、ホテルの部屋に落ち着くと、軽く酒を引っ掛けてすぐに寝てしまった。明日どこへ行くかは、明日考えるとする。

妻と何度か利用したことがあるS通りに面したホテルは、一昔前は高級だったのに、次から次に大型ホテルが建設された今では中級にランクされている。朝夕のバイキングレストランではタイ料理を始め、中華そして西洋料理等々と品数が多く、どれを取ってもみな美味しいのでわれわれのお気に入りだった。

朝の珈琲を飲みながら、さてこれから一週間ほどどこへ行こうかとぼんやり考えた結果、カンボジア国境近くにある小さな島に行ってみることにした。まずは東バスターミナルからエアコン付きバスでR港まで行き、そこから三十分ほど船に乗るのである。島で使う洗面道具や着替え、本等をリュックに詰め、この国ではまるで必要のないオーバーやセーターの入ったトランクはホテルで預かってもらうことにした。

予定どおりR港行きのバスに乗るため、六時過ぎには簡単なバイキングの朝食をとる。早いから誰もいないと思ったのに、レストランは結構混雑していた。半ズボンにランニングシャツ姿の欧米人が多く、なかには明らかに娼婦とわかる若い女を連れている中年男たちも少なくはなかった。どういう趣味なのか、腕や脚、そして腹にまで刺青をしている人が多い。

いつのまにか偏頭痛も消えて、昨晩の酒も残らず、体調は至って良い。見晴らしがいいだろうと思ってバスの一番前の席に座ったのに、これは失敗だった。運転席とのあいだにカーテンが引かれて景色は見えず、おまけに足を延ばせるスペースも狭かったから。また、隣に座っていたタイ人のおばさんが欠伸をするたびに漂う強烈な大蒜の臭いにも大いに辟易させられた。それがなければ終点までの五時間はもう少し快適だったはずである。しかしまあ、こんな想定外のことだって、きっと旅の面白さのうちではあるのだろう。

バスは途中で一度トイレ休憩を取った後、Tの町中と終点近くで何人かを下ろした以外は、ひたすら目的地まで走り続けた。私は、初めのうちホテルでもらった英字新聞や本を読んでいたけど、バスの振動であまりにも目が疲れてやめてしまった。

R港の船着き場には、到着したバスから降り立ったわれわれ十二、三人の乗客以外まるで人影はなく、広い駐車場も青い穏やかな海も、そのすぐ向こうに小高くそびえていた濃紺の島も、みんな午後の強い日差しのなかで、まともに目が開けられないほどキラキラ輝いていた。

「ご旅行ですか」と中年の男性に後ろから声をかけられた。自分以外の乗客はタイ人と欧米人のみと思っていたので、突然日本語で話しかけられてびっくり。こちらはバスの一番前に座って気づかなかったのだが、ちょうど斜め後ろにいた彼のほうは、私が文庫本などを読んでいたのを見ていたらしい。「英字新聞を読んでいたので、初めは中国の方かと思いましたよ」とニコニコしながら言うのだった。一緒に船に乗り込んで並んで座り、それからいろいろな話をした。ほぼ同年代と見えるその人の話はとても愉快で、三十分ほどの船旅のあいだじゅう、私は外の美しい海や、次第に近づいてくる島影にもまるで注意を払わなかったほどであった。

「Cと申します」と自己紹介した彼は「定年少し前に早期退職しましてね、今は悠々自適。幸せな身です」と続けた。「あれ、それじゃ私と一緒だ」と、われわれは一遍に同類意識が芽生えた次第である。しかもCさんの奥さんはタイ人、私の妻は中国人と、どちらも妻が外国人なのも親近感を強めたのかもしれない。話は旅行のことやバンコクでのこと等、次から次に弾んで、気がついたときに船はもう島の港に着いていた。

外国人旅行者はみな船着場からの乗り合いソンテオに乗り込んでいる。六キロメートルほど離れた、一番大きなビーチまでは六〇バーツであった。私はもっと奥地にある人の少ないビーチに滞在しようと考えていたのだったが、ホワイトサンド・ビーチに行くと言うCさんに合わせて、同じビーチに行くことにした。もともと、綿密に計画していた予定があるわけでもないし、「旅は道連れ……」とも言うではないか。この国のホテル料金は、日本人的感覚ではまだまだ十分にリージナブルだから、私は少なくとも部屋にデスクやテレビ、冷蔵庫、それ以外にはできればプールがあればいいと思っていたのだけれど、もう十年近くタイに住んでいるCさんは、「安くてそれなりにいいところを探してみますよ」とのことだ。

ソンテオはビーチの入口付近でわれわれを降ろすと、さらに先へと走って行く。幸いすぐ近くにホテル案内の小さな窓口があったので、そこにいた若い女性に手頃なホテルについて聞いてみる。案内所といっても、場所によってはまるで英語の通じないところも多かったから、タイ語を話すCさんはこちらにとって頼もしい味方である。

しかし、彼女が電話をしてくれたこちらの条件に見合うホテルはどこも満室。もっと高級なところを探すしかないらしく、仕方がないので、適当にその辺のホテルを探してみると、近くになかなか立派なホテルがあって、値段も手頃だし、空き部屋もあるという。すぐに決めようとしたら、Cさんが「一応、部屋を見せてもらったほうがいいですよ」と適切なアドヴァイスをくれた。

部屋は広く、窓を開けると大きなプールの向こう側は眩しく光る海。

「なかなかいい部屋ですね」とCさんもすぐに賛成してくれた。

その後、彼は「それじゃあ、私はもう少し安い宿を探してみます」と言う。

「いいホテルがあるといいですね」われわれは握手をして別れた。

いずれにしても、夕方六時から一緒に飲むことは二人のあいだですでに決まっていたのである。

一人になると、部屋の前にある小さなベランダに置かれた椅子に座って、しばし本を読んだ。一部のホテルは満室らしいのに、浜辺には不思議なほど人影がなく、どこもかしこも穏やかだ。ピンク色をしたブーゲンビリアの花々、ヤシの木々を渡るそよ風、ピーピーと透き通る声でさえずる小鳥、どこまでも続いていく白い砂浜と青い大海原。ずっと以前からこんな場所にあこがれていた気がする。パラダイスとはきっとこんな所なのかもしれない。

しばしうとうとしているうちに太陽は西に傾いて、あたりには長閑な夕暮れの臭いが漂い始め、プールサイドの長椅子に転がっていた西洋人たちは、皆日に焼けて見事に真っ赤になっている。他人事ながら、皮膚癌が怖くないのかと、こちらのほうが心配になってしまうほどだ。

この島にアメリカやドイツの旅行者は少なく、老人も若者も大半が北欧系の人々であるのに私は気付いていた。パタヤやプーケット、サムイそれに北のチェンマイなどの有名な観光地ではたくさんのオーストラリア人やドイツ人、アメリカ人、そして日本人を見かけていたから、ここに彼らの姿がないのはとても不思議であった。


Cさんのノックは約束どおり六時ぴったり。

「日本人式に時間厳守です」と、微笑んでいる。

「いいホテルが見つかりましたか?」

「ええ、ビーチ沿いの手頃なバンガローを値切って、ずいぶん安くしてもらいました。トイレ、シャワー、それに日本語放送も入るテレビ付きですよ」

「それは結構でしたね」

「海岸沿いに立ついくつものホテルレストランが、夕方になると椅子、テーブルを浜辺に出すので、そこで涼みながら食事をしましょうか」とCさんが提案した。

浜に出てみると、橙色の大きな太陽はまさに水平線に沈もうとしているところだ。漁の小舟の黒いシルエットが、その前をゆっくり横切っていく。大自然が醸し出す光景の見事さに、初老の男たちはしばし沈黙。どんなに優秀な絵描きだって、自然の織り成すこうした絶妙な色合いを再現するのは不可能だろう。光の色合いが一秒ごとに刻々と変わっていく。

何軒かの出店に並ぶ魚介類を眺めて、一番品数の多いレストランに決めた。

波打ち際に置かれたテーブルに座り、まずはビールで乾杯。昼間の強烈な日差しが嘘のような、爽やかな夕暮れ時である。

「この島は、本当にのんびりしていいところですね」と言うと、

「そのとおりです。私もここは初めてですが、思っていた以上に素晴らしい島です。プーケットなどよりずっといい感じですね」とCさんもすぐに同調した。

「でもひとたび有名になると、開発が進んでパタヤやプーケットのように俗化してしまうのは残念ながら時間の問題かもしれません」

一九七〇年に私が訪れたパタヤは、町はずれにまだまだ漁村の面影が残っていたものの、海岸沿いでは次々に大型ホテルが造られていた。そして、今では昔の静かな海辺の佇まいなど想像するのさえ難しい。

夜のヴェールが下りると、テーブルに置かれた蝋燭の明かりが一段と輝きを増した。Cさんは仕事で赴任していたアモイやタイの思い出話を始めた。中国も出張や個人旅行で多くの都市を訪れた

もの の、定住する気にはならなかったらしい。

「いつ何が起こるか、ちょっとわからない国ですからね。それに、私は東北の出なので、寒いところよりは暑い国のほうが好きなんです」

「タイにきて何年ですか?」

「もう、かれこれ四年。その前に仕事でやはり四年間滞在しましたから、結構長いですね」

「しかし、よくまあこの国に永住する決心をなさいましたね」

「自分は次男坊で、その点気楽でした。いくつかの国を旅行して、結局、妻の国に落ち着いたわけです。日本でも今、団塊世代の人たちがアジアのリゾート地で年金暮らしをするのがブームというじゃないですか」

「確かにそうです。理想を言えば、私も一年の半分は日本で仕事をして、あとの半分はどこか治安がよくて物価の安い国でのんびり過ごしたいと思っています」

次々と料理が運ばれて、それにつれてわれわれのビールの量も増えていった。クン・トート・クラティアムという名のガーリックと海老を炒めた料理は香ばしい匂いを漂わせ、貝に入ったまま出された新鮮な生牡蛎の大きさは優に二十センチを超えている。

「六十歳を超えても、素敵な出会いってあるんですね」と私は言った。

「われわれの感覚はまだ若者だということでしょう」

Cさんは、悪戯小僧のように「うふふ」と笑う。薄明かりのなかで、口髭についたビールの泡が光っている。「髭に泡が残ってますよ」と言うと、「あなたも」と言われて、大笑いだ。

「六十といえばもう立派な(?)お爺さんだったし、六十になれば自然に人生を達観するようになって、欲や怒りといった感覚も小さくなるのだろうなんて勝手に想像していたんですが、いくらその年代になったって、凡人がそうやすやすと煩悩から逃れられる訳もないですよね」

「私もよく宗教について考えました」とCさん。「妻は私より二十数歳若いので、彼女の母親は私と同じぐらいの年齢です。百キロ近い体重の人ですが、その彼女がこの頃しきりにお寺参りをしているのですね。この国では老境に近づいた女性が、死後の安らぎを求めてその準備に入る風習があるらしいのです」

「なるほど。でもそうしたことを繰り返して、本当に心の平安が得られるのであれば幸せですね」

「どの宗教であれ、現世御利益を唱えるものはどことなく胡散臭い感じがします」

「確かにそのとおりでしょう。死んでからどうするかというのが、宗教が持つ本来の役割でしょうから。まさしく『天国に宝をつめ』そして『信じる者は救われる』ですよね。どうも、キリスト教ばかりの引用になってしまいました」

「私も、どの宗教がいいのかよくわかりません。ただ、教会やモスクよりはお寺に行くと何となく落ち着いた気分になるのも事実ですね」

「昔、仏教のある宗派に一家で入信していた知人は、朝から晩まで生活の全てがその宗派一色であったのを思い出しました。宗派は彼の就職の世話から結婚、身内の葬儀に至るまで面倒を見てくれるのです。招かれた結婚式では、式場はもちろんのこと、仲人や披露宴の合唱団までことごとくその宗派の人たちでした。こうした連帯意識と宗教の混じり合っているのが怖い感じがするのですが。それでも彼はその宗派によってすごい御利益を得て十分に幸せだったのだから、それについて他人がどうこう言ってみたところで何にもなりません」

「現世で幸せなら、もうそれでいいということですね。それを宗教と呼んでいいのかどうか……」

「そういえば『平家物語』のなかに、まだとても印象に残っている話があります。清盛をはじめ、彼に寵愛された白拍子義王と仏御前、そして義経や義仲、壇ノ浦の合戦などよく知られたエピソードがたくさんあるなかで、一番感動したのは清盛の末っ子の最期でした」

「私も高校時代、那須与一が扇の的を射抜く箇所など暗記させられて、まだ覚えていますよ。今になって、日本語の美しさがわかってくるのですから、古文の先生に感謝ですね」とCさん。

「確かに、後になって分かってくることはたくさんあります。さて、清盛が一目置いていたほどなかなかの人格者であった長男重盛の死を契機に、平家の没落が始まるようです。清盛のあとの息子たちは戦死、あるいは自害したのに、どうタイミングがずれてしまったのか一番父親想いであった末っ子だけが味方に裏切られ源氏に生捕りにされてしまったのです。ちょっとホロ酔いで、今、彼の名が思い出せません。父清盛の命令で三井寺や東大寺まで焼き打ちして僧兵を皆殺しにした彼は、僧たちにとってはもちろんのこと、源氏にとっても憎き敵という訳です。京の市中を引き回され、鎌倉に連れて行かれた後は当然処刑されるのですが、その前に『最後の願い』を聞いてくれと言うのです」

「なるほど。まさしく『武士の情』というやつですね。彼は一体何を願ったのですか?」

「『死ぬ前に、一人だけ会いたい人がいる』と」

「誰です?」

「黒谷の和尚、つまり法然上人」

「そうですか。考えてみれば、専修念仏を唱えた法然が浄土宗を開くのは同時代ですものね」

「やって来た法然に、彼は心情を吐露するのです。自分は三井寺ばかりでなく、奈良の寺まで炎上させ、ことごとく僧たちを殺してしまった。しかし、本当のところはそのことに関して己の意志などは微塵もなく、全てこれ父清盛に対する孝行のつもりであったのだと説明したのです。そして最後に『こんな自分でも果たして来世で救われるのだろうか』と尋ねたのです」

「法然は何と答えました?」

「救われる、と」

「そうでしょうね」

「結局彼は、頼朝によって奈良の僧兵たちに引き渡されて処刑され、首を晒されるのですが、最後は法然の一言によって安らかに逝ったのではないかと思うのです」

「何教であれ、究極はやはり『信じる者は救われる』。信じられる人こそ誠に幸せですよ」

「生半可な知識や教養があると、どうもいけないのかもしれません。それにしても、死が間近に迫った人に安らぎを与えるのは、現代の教誨師にも通じますね。つまり、死刑囚に会える唯一の民間人である僧侶や牧師です」

「彼らによって死刑囚が癒されて、平静を取り戻すことも多いのでしょうね」

「そう思います。それこそ宗教が持つ役割のひとつでしょう」

話はそれから、互いの人生観やジャズへと盛り上がったのだったが、気がつくとウエイターたちがそろそろビーチのテーブルを片付け始めていた。隣のテーブルには、空になったビールの大瓶が八本ほど並んでいる。

「続きは明日また夕方六時からにしましょう」

「それがいいですね」

われわれは握手をして、人影の消えた暗い浜辺で右と左とに別れた。ずっと蚊に刺されていた脚が急にかゆくなった。

目覚めたのは七時過ぎ。遮光カーテンのおかげで外の明るさにまるで気づかず、小鳥たちのさえずりで起こされるとは幸せな朝だ。しかし体内にはビールがまだ残っている感じがしている。昨晩、部屋に戻ったときにはもう十一時をまわっていた。水を飲んで、海辺に出てみると、ところどころ木々が濃い影を落としている砂浜を、ホテルの従業員が奇麗に掃きならしているところだった。ジョギングをしている青年が、「ハロー」と言いながら颯爽とすれ違って行く。

あまり品数の多くないバイキング朝食の後、部屋で本を読んでいるとフロントから「二階のお部屋の準備が整いました」と電話がきた。昨日、フロントの女性に、今日から二階の部屋に移っていただけますかと聞かれて、了承していたのをすっかり忘れていたのである。ツインベッドの部屋から、大きなシングルベッドのある部屋に引っ越しである。二つの椅子が並べられた小さなベランダから眺める景色は、二階のほうがずっといいけれど、海に出るのに階段を上り下りしなければならないのは少しばかり面倒臭い。

一階の部屋の鍵を返しにフロントに行くと、昨日の若い女性が眠たそうな顔をして、それでも微笑みながら両手を合わせてタイ式挨拶をしてくれた。

プールサイドの長椅子に寝転がって、三島由紀夫の短編集を読む。学生時代は、彼の技巧的な文章があまり好きではなかったのだが、三十代になって再読してからだいぶ見方が変わった。読み始めると、まるで麻疹にでもかかったように次から次へと読み進んでしまう華麗な文体は、まさしくプロの作家のもので、素人が真似ようとしてもなかなか難しい。多くの作品のタイトルを見るだけでも、この作家の非凡さが理解できようというものだ。

午後はプールで数百メートル泳いでから、ぬるま湯のように暖かい海につかってきた。遠浅でも沖合まで泳いでいくと波は大きな上下運動を繰り返して、まるで巨大な生き物に身を任せて漂っているような感じがする。

六時にまたCさんが、ドアをノックしてくれた。
「今日は、別なレストランにしましょうか」と言う。
「そうですね。いろんな店を試してみるのも面白いでしょう」
「昼間、この町のはずれまで歩いて、そこからソンテオで隣村へ行ってみましたが、これといってまあ珍しいものもありませんでしたね」とCさんは少し残念そうに言う。

浜に出ると、昨日と同じようにあたり一面は桃色に染まり、水の上で橙色に輝く太陽の道がわれわれのほうまで続いていた。Cさんがライカを取り出して、夕陽の撮影を始めるので、こちらもデジカメでそれに倣う。近くにあったレストランのテーブルにカメラを固定してみても、思惑どおりの写真を撮るのは結構難しいものであった。人物よりも風景写真が好きというCさんは、凝り性らしく、アングルを変えては何枚も撮影している。十分近く二人で写していたあいだに、水平線上にかかっていた太陽は、見る間に沈んでしまった。

昨日のレストランを素通りして、もう少し遠いところに出されたビーチレストランで、今日はミドリ貝の土鍋蒸しと海老の炭火焼、それからバラクーダーのグリルを注文。どれも美味だったし、ビールにもよくマッチした。東の山の向こうから大きな満月が昇って来たのは、乾杯をして飲みはじめた頃である。黒い椰子の上に出たそのまん丸い月は、幽かに響いてくる波音と共に、いやが上にも南国ムードを高めてくれた。

Cさんは昨夜に続いて、しきりに死について考えているふうである。

「死後の世界がどうなっているのか、この頃とても気になるのですよ」

「まあ、お互いあと何年生きられるかという、人生の逆算が可能な年齢になったということでしょう」

「死んでしまったなら、恐らく何もないのでしょうね。それこそナッシングです」

「個人的には、何かあると考えるほうが救われる気がするのですが」

「天国も極楽も地獄も、所詮、人間の脳が創造したものにすぎません」

「よくわかります。それであっても、私などまだ信じたいという気持はどこかに潜んでいるのです。しかし、昨日もお話したように、似非教養が邪魔をして、どうも救われません。ただ、どこか別の大宇宙のかなたにエデンの園のようなパラダイスがあって、人類のDNAにそこの記憶がインプットされている、なんて考えると愉快ですね。そういえば、作家のOがある本のなかで『もし本当に地獄というものがあるのならば、何もないよりははるかにましではないか。自分は喜んでそこへ行く』というようなことを書いていました。確かに、たとえ地獄であっても存在している限り、無よりはいいでしょう。一と二は比較できるけど、ゼロと一を比較するのは不可能です」

「Oの作品はまだ読んだことがありません」とCさんは申し訳なさそうに言って、さらに話し続ける。

「死に対する不安は、要するに、わからないことにつきます。死の世界から戻った人は誰もいないのですから。まあ、イエスが人なら話は別でしょうが」

「そうですね。もし死後の世界の情報が入ったなら、われわれの不安など一遍にかき消えてしまうでしょうね。しかしまあそれはそれで、また新たな違う問題が発生してくるかもしれません」

「イエスとか仏陀、あるいは昨日の法然とか、一体どんな人物だったか、会ってみたいですね。とても興味があります。物凄いオーラが出ていたのか、迫力があったのか、それとも伝えられている姿は、後世の人によって作られたものか」

「宗教がなくても『幸せな死』について考えられるといいんですがね。私は、日本の宗教家という人々をあまり信頼しません。例えばベトナム戦争やイラク戦争の時、何人かの日本人作家は反対の意思を表明し、現地を視察して自らの目を通して見た現場の報告をしていました。要するに、どんな理由があるにせよ、人殺しは止めろというのです。しかし、残念ながら日本の宗教家で現地に赴いた人を知らないし、寡聞にして戦争反対のアピールも知りません」

ややや興奮気味の私の話を、Cさんはおとなしくじっと聞いてくれる。とても聞き上手なのだ。彼の温厚な笑顔に出会うと、何だかこちらまで幸せな気分になってくる。

テーブルにプー・パッ・ポン・カリーという蟹料理が運ばれてきた。蟹のブツ切りに、カレーソースをまぶしたこの料理を、Cさんは私のために注文してくれたのである。確かにすごく美味しくて、二人ともしばし料理のほうに神経を集中することとなった。フォークやナイフを使っても、蟹は非常に食べにくい。

「蟹料理は人を無言にさせますね」。Cさんが言った通りだ。

食べ終わると、ソースだらけになった手を紙タオルで拭いながら、彼は再び話し出した。

「ところで、地獄絵図を見たことがありますか？」

「ええ、いくつか知っています。どうもヨーロッパのよりは日本の絵のほうがずっと怖い感じがします。まあ、自分が日本人のせいかもしれませんがね」

「ああいうものも結局は、宗教の大切さを広めるための手段だったと思うのです。昔、文字の読めない多くの人たちの視覚的な恐怖心に訴えて宗教心を引き起こすのは、きっと一番手っ取り早い方法だったでしょうから。天国も極楽も、神や仏が白い雲の上で平和に佇んでいる図はあまり変わり映えがしないのに、地獄図となると、これでもかといわんばかりに残酷シーンのオンパレードです。まさに『健康な人の願いはたくさんある。しかし病人の願いはひとつ』と同じように、天上に比べると、地獄に対するファンタジーはそれこそ無限だったのでしょう」

「戦や飢饉、自然災害など、昔、死は今よりずっと人々の身近なところにあったはずですね。『羅生門』に死体が山と捨てられていたという描写など、実に印象的です」

「遅かれ早かれわれわれはいずれ死ぬというのに、死を日常の世界から隔離してしまったのは、現代人の誤りです」

「平家物語を読んでも、到るところに死が転がっています。まさにあれは滅びの美学の書ですね。昨日まで栄華を誇っていた人が、あっという間に殺されてしまったり自害してしまうのですから、人々の無常観はいやが上にも増していったに違いありません。そう、前に思い出せなかった清盛の息子の名は、平重衡です。彼は法然上人に南都の炎上は誰かが放火したもので、自分の仕業ではないと弁明しています。まあ、いずれにせよ、寺の焼き討ちでも、戦場でも、想像を絶するほど死屍累々だったでしょう」

「ビジュアルなものは、当然ながら本で読むよりはずっとリアルですよ」

「前にスコータイの廃墟に行ったとき、一匹の黒豚の死骸が転がっていたのを覚えています。その場をさっさと除けて通り過ぎようとしていた私に、その死体は四十度の猛暑のなかで強烈な腐臭を放ちながら、これから消えていく自分の存在をアピールしているかのようでした。まるで、『俺は存在していた』という豚の声を聞いたような感じです。もしこれが人間であったなら、その思いはもっと強烈であるかもしれません」

「そうかもしれません。死の不安と悲しみとは、忘れられてしまうことへの悲しみでもあるのでしょう」

「存在の無視とは、何とも残酷な話です。Cさん、先ほどの地獄図とはちょっと違うけど、九相図を見たことがありますか。何と言ったらいいか、日本版メメント・モリ、つまり『死を思え』という図です」

「何かの本で見た記憶があります。野垂れ死にした若い女に、野犬や鴉が群がっていた」

「そう、死んでから白骨になるまでの段階を何枚かの絵にまとめたものです。人間死ぬとこうなるんだぞと。中世のヨーロッパ人が自虐的に、蛆のわいた自分の死後の姿を墓石に刻んだような、いわゆるトランジと呼ばれたブームが日本にもあったということですね」

「いつも死はわれわれの身近にある」

「そうです。われわれがこの世に存在できる時間は、もう計算可能ですよ。人間、ある程度年を重ねたら、いつも好きなことをやって暮らしていきたいものですね」

「大半の人は、残念ながら日々の生活に追われて、なかなかそうはいきません」

「若いときの苦労は買ってでもしろ、と昔の人は面白いことを言ったけど、そのとおりだと思います。でも、老年になったなら、ある程度のわがままは許されてもいいんじゃないでしょうか。自分の好きな人とはいつまでも一緒にいたいし、嫌な人には逢いたくもない。自分に忠実に生きたいと努力しているつもりなのに、それでもそんな素直な日常生活とは難しいものですね」

「良き妻と、良き友、そして好きな仕事。これで人生薔薇色ですね」

「それと、チャップリンが言ってたように、『すこしのお金』」

「それと、お酒。だんだん欲が大きくなってくる」

ここでまた乾杯を繰り返した。

面白い話を肴にしているあいだに、瞬く間に時は過ぎ、月はすでに天空にかかっている。われわれは明日また六時に会う約束をして、右と左に別れた。

やはり七時過ぎに目を覚ました。もっと早く起きたかったけど、昨夜も十一時過ぎまで楽しく飲んでいたのだから、まあこれも致し方ない。

無性に本が読みたくなって、朝食の後は浜辺の木陰でずっと読書の時間だ。シェイクスピアやホームズ、それに中島敦など、以前読んだものも含めて脈絡なくトランクに突っ込んできた。爽やかな風が吹き抜けていく静かな浜で、やりたいことだけができる至福の時が過ぎていく。

考えてみると、ホテルと海岸ばかり歩いていて、まだ町の雰囲気すら知らなかったから、昼過ぎに少しばかり街の散策に出かけることにした。ハイシーズンのこの時期は連日お天気がよく、強い日差しから身を守るための帽子とサングラスは必需品である。それでもなお、白いTシャツをとおして強烈な太陽光線がじりじりと肩を焼き、五分も歩くと、もう全身から汗が噴き出してきた。通りの海側にはホテルやバンガロー、そして小さな土産物屋が並び、しばらく行った道沿いのゴミ捨て場からは、強烈な悪臭が漂っていた。しばし呼吸を止めてそこを通り過ぎてから、大きなホテル横にあったヨーロッパスタイルのカフェに入る。いい雰囲気で、冷房も快適、とても気に入った。ただアイスコーヒーだけが甘すぎて美味しくなかったのを除いては。

しばらく英字新聞や文庫本を読んで、外に出るとばったりCさんに出会った。昨晩会ったばかりなのに、何だかとても懐かしい感じがする。

「またソンテオに乗って、今度は反対側の村へ行ってきました。そのついでに、近くのコンビニで夜食の買い入れです」

人なつこい笑顔も汗だらけである。

「昨日Cさんから街をぶらついたという話を聞いたので、こちらもちょっと偵察に出てみました。でも、あまりの暑さにめげて、珈琲を飲んで帰ろうという訳です」

「それではまた後ほど」とわれわれはすぐに別れた。どちらも、昼間は一人で自由に過ごすほうがいいと、ぼんやり思っていたのかもしれない。親しい人であっても、いつもべったりされたのでは厭になってしまうではないか。

実際、私は昔ドイツでそんな経験があったから、そのあたりの感覚はとてもよくわかる。ある知り合いの男が、外国で一人になるのがよほど怖かったのか、四六時中私の傍を離れず、便所にまでついてくる始末。宿の手配から列車の乗り方、電話のかけ方に至るまで手とり足とり面倒を見て、挙句はこちらの時間がほとんど取れなくなってしまったのだから、これには本当に辟易した。いつも誰かと一緒にいないと不安を感じる人がいるようなのである。幸いCさんも私も、そういう人種ではなかった。

ぶらぶら歩いていると、小さな旅行社の前に四島めぐりツアー・五五〇バーツの看板を見つけた。ホテルで聞いたときは確か一五〇〇バーツだったので、デスクにいた若い女性に確かめてみると、「一日ツアーで、昼食付きです」とのこと。早速、明日のツアーを申し込んだ。

それにしても、同じ島をめぐるツアー料金に三倍もの違いがあるとは、一体どうなっているのだろう。もっとも、数年前に行ったある南の島では、船着き場までタクシーで行くと、八〇ドルのツアー料金が四〇ドルになったこともある。つまり、料金の半分はホテルまでの送迎と、港までの日本語ガイドにあてられていたのである。

安いツアー代金に満足して歩いていた私の横を、けたたましいサイレンを鳴らしながら救急車とパトカーが猛スピードで走り去っていった。平和で静かな島に、その騒音と慌ただしさは、およそ不釣り合いであったし、第一、こんなに雑然とした大通りをあれほどのスピードを出して、大丈夫なのかと思ったほどだ。

ところがしばらく歩いて行くと、それら二台の車は私が泊っているホテルの玄関前に横付けされていたのだった。何があったのかと思いながら、中庭のプール横を通って部屋への階段を上ろうとしたとき、すぐ前の浜辺に立ち尽くしているたくさんの人たちに気がついた。あたりには只ならぬ気配が漂っている。どうやら誰かが波にさらわれてしまったらしく、どこかで「ノー、ノー」と叫んでいる声が聞こえる。こんな波のない穏やかな海でも、油断していると、自然は時にその恐ろしい牙を剥き出すことがあるのだろう。沖に流されたのが子供なのか大人なのか、男か女か、まるでわからなかった。

しばらくすると、はるか沖合からモーターボートがこちらの浜に向かってきて、茶色い制服を着た警官らしき男が、両腕をクロスさせて×印を作っているのが見てとれた。それにしても、それは何という思いがけない、静かな午後の死であっただろう。本人だって、まさか今日こんな長閑な海で死ぬとは、夢にも思っていなかったにちがいない。

私は、昔やはり岸からの強力なもどり波にさらわれて、危うく死ぬところであったという学生の話を思い出した。海のなかで、もうどうしても自力では岸に戻れないと悟ったとき、波に揺られながら彼の脳裏に浮かんだのは「俺はこれから死ぬ」ということ、それと同時に「駐車場に止めた俺の車、どうなるのかな」という奇妙な思いだったという。覚悟を決めてしまうと、人間は案外そんなものなのかもしれない。彼の場合は、その後うまい具合に大波に乗ることができて、奇跡的に助かったのであったが。

部屋に戻ろうとする私の頭のなかで、しきりにあの「メメント・モリ」の叫び声が響き渡る。

ツアーの送迎車がホテル玄関に到着したのは、時間どおりの朝八時。なかなか幸先のいい感じがする。同じホテルから乗り込んだスウェーデン人と思われる家族の二人の子は、兄が小学生、妹が幼稚園児ぐらいの年齢だったろうか。女の子の見事な金髪と真っ青な眼は、まるでお人形さんのようであった。

車には途中から北欧系の若者たちが数人乗りこみ、ほぼ満員状態で島の南端にあるバンバオ・ピアまで、カーブとアップダウンの多い山道を走った。予想に反して天気が悪く、山々の頂上付近は濃い雲に覆われていたけれど、それでも三十分後港に着いた頃には、薄いミルク色の霧のなかからときおり弱々しい太陽が顔を出した。

降車場から港まで続く路地の両側には、土産物屋や食堂といった小さなお店が所せましと並んでいた。人波を縫ってバイクやリヤカーが路地を走りぬけていく。やがて桟橋に出ると、霧のなかから黄色いツアーボートが姿を現した。

最初のR島までは一時間半ほどだったろうか。四十人以上乗っていたツアー客の九割は北欧系、そして数人のフランス人、残りが中国人の若いカップルとタイ人で、日本人は私だけ。

船がいよいよ小さな島の手前に停泊すると、待ち構えていたようにほぼ全員が、シノーケルをつけて透きとおる水のなかに潜っていった。ちょうど幸運にも薄日が差し始めて、珊瑚や色とりどりの熱帯魚が光に美しく映える素晴らしい別世界が繰り広げられた。海のなかにこんなにも美しい世界があるとは本当に驚きで、突然、異界にワープしてしまったような錯覚すら覚えた。

シノーケリングでは普通あまり老人の姿は見かけないけれど、この船では七十代と思われる夫婦が仲良く潜っていた。お爺さんがお婆さんの手を引いてサポートし、泳いでいるときも互いに手を握り合っていたのは、微笑ましい光景であった。

その一方で、船の後部に座っていたタイ人の老婆と若いフランス男のカップルは、どう見ても異様であった。椅子の後ろにまわった男が、その毛むくじゃらの両手で老婆の垂れて萎びた乳房を、水着の上からこれ見よがしに揉んで、他の乗客たちの無言の顰蹙を買っていたが、当人たちはそんなことはまるでどこ吹く風であった。ときおり男の手が水着のなかに差し込まれても、老婆は満更でもない表情を浮かべるだけ。

別な船に乗っていたタイ人グループの女の子が二人、カヌーに乗って手を振りながらこちらの船に向かってきた。しかし、どちらも漕ぎ方が下手で、カヌーはみんなが見ている前でバランスを崩したかと思う間もなく、見事に転覆してしまった。こちらの船に乗っていたタイ人スタッフたちが大声で何事かをアドヴァイスしても、彼女たちがその指示どおりに行動するのは困難だったらしい。

やっとカヌーに戻った一人がオールを持とうとした瞬間、もう一人が乗り込み損なって小舟はくるりと回転して、二人がまた水のなかに放り出されてしまったのには、船から見守っていたわれわれもさすがにみな大笑い。見かねたタイ人の若者がすぐ海に飛び込んで、カヌーを抑えにかかった。さあ今度こそ大丈夫だから、今のうちにオールを握って体勢を整え、再び漕ぎ出せばいいという訳だ。

ところが、無事カヌーに乗り込んだ彼女たちは安心したのか、二人とも小舟の上で棒立ちになったからたまらない。波にバランスを崩して、それを支えていた青年もろともカヌーはまたまたクルリと転覆してしまった。どうなることかと見守っていた乗客たちも、これにはまた大爆笑。まるで映画のワンシーンを見ているかのようであった。人の失敗がこんなに愉快だとは、どうしたものだろう……。

食後間もなかったせいか、この無人島で泳いだのは数人だけであった。

船はそれからまた別の島に向けて出発。遠くにいくつかの島影が青く霞んでいた。私は満腹感と昼下がりの心地よい疲れ、それに単調なエンジン音とで、強力な睡魔に襲われていた。なぜか頭のなかでは、昔に聞いた懐かしいトルコ音楽の旋律が繰り返されている。

子供や若者たちが船の二階デッキから、宙返りしながら海に飛び込んでいく。再び水中眼鏡をつけて水に入ると、船の上から中国人女性がたくさんのパン屑を放り投げてくれた。それと同時に黄色と黒の縞模様がある小魚の群れがまるでピラニアのようにどっと集まって、一瞬、こちらが魚たちに襲われるのではないかとの不安を覚えたほどである。先ほどのR島より、こちらの場所のほうが透明度はさらに高かった。

五時過ぎに部屋に戻ろうとしていたら、庭でCさんに声をかけられた。島に行ったので、今日はいつもより三十分遅い夕食ということにしていたのである。

「島めぐり、いかがでした？」

「とても良かったですよ。天気がいまひとつパッとしませんでしたが、あまり日に焼けず、かえって助かりました」

「それは結構でした。私は泳げないので、損をしているような気がします」

「もったいない。泳いだあとは実に気分爽快。さっぱりしますよ」

われわれはまた奇麗な夕暮れの浜辺で、蚊に刺されながらビールを飲んだ。

「どうもこの頃、人生ってなんだろうって考えてばかりです」と私は言った。

「若い頃、時間はとても長く感じられたのに、振り返ってみるとあっという間ですね」

「実際、親父の死んだ年齢を基に、自分があと何年生きられるかなんて考えると愕然とします。

人生の半ば以降は何だか、身内も含めて他の人間が逝くのを見送る役目を負わされているのかもしれません。そして最後はいよいよ自分の番が来るのでしょう」

「それは理想的な人生ですよ。人間、年齢順に逝くわけではないから」

「確かに。以前は、長生きするのは当たり前と漠然と思っていました。でも、この頃ちょっと変わって、人間、あまり長生きしすぎるのも不幸なのかなと思ったりもします。適当なところでおさらばしたいものです」

「適当なところって、難しいね」

ここで、人生とわれわれの出会いに乾杯。海にも、太陽にも、そして美しい夕暮れにも乾杯だ。

『ガリヴァー旅行記』の話をした。

「いろんな国に行ったガリヴァーの旅でも、ラグナグ王国でストラルドブラグという不死人間に出会う話が特に愉快です。初めのうち彼は、もし自分が不死ならと仮定して、百年、二百年の人生設計をして喜んでいたのに、それでもなお死ぬことなく生きねばならないと気付いたとき、その残酷さに愕然とするのです」

「死がなければ、生はいつまでも完結できません」

「そう、できるのなら元気なまま死にたいものです。ところで、ストラルドブラグの問題点がもうひとつ。つまり彼らは死ぬことがなくとも、年相応に老けていくのですね。不老不死のなかで、われわれにとって重要なのは恐らく不老のほうでしょう」

「人間どうしてそんなにいつまでも若く見られたいのでしょうね」

「若く見られると嬉しくなって、老けてると言われれば腹が立つ。人間心理は複雑です。昔、会うたびに『お前は頭が薄くなってきた』とか、『老けたね』などと平気で言ってくる男がいましたが、やはりこちらとしては不愉快になったものです。しかし、ふと気付けば、要するにそう言っている御当人が、薄毛と年老いていくことに一番敏感だったんですね」

「自分の不安を人にぶつけてたという訳ですね」

「娘が小さい頃、言っていました。『人を馬鹿っていう人は、自分が一番馬鹿なのよ』って」

「なるほど。面白い。自分のことを棚上げにして、人の批判ばかりしたがる人種はどの分野にもごまんといます。しかし、えてして対象にされている人の能力のほうが勝っている場合が多いものです」

「それも面白い見方ですね。ただ、自分を棚上げにするといっても、別なレベルで好事家的な人も多いですよ。もの凄くインテリな、そういう人をたくさん知っています。例えば、ある作家の本が大好きで常にそれを手放さない知人など、とても今の大学教授が太刀打ちできるものではありません。素人とはいっても、その作家と作品の読み込みに関しては専門家も敵わない」

「特に日本には、そういう人が多いのかもしれません。例えば政治やスポーツ、そして文学、芸術分野等にね。でも、自分の主張をしっかりとまとめて残そうとすると、それはそれでまた別の問題ではないでしょうか。突き詰めると、オリジナルな思考、そういったことをうまく相手に伝達していく表現能力とは別ではないか。何かを批評したといっても、意識せぬままどこかですでに他人の受け売りをしている場合も少なくないでしょう」

「そんな殻も打ち破って、何かしら自分の作品や形を残そうとするエネルギーたるや大変なものだと思います。それは恐らく、やった人じゃなきゃわからない。読書が好きといっても、本を書いたことのない人にはやはりそうした楽しみや苦しみはよくわからないでしょう」

「やるっきゃない、ということですね」

「批判精神も大切だけど、クリエイティヴな作業のほうがもっと大変ですよ」

「ディレッタントはやはりディレッタントのままですかね」

テーブルが並んでいる前の波打ち際に三人の青年たちが現れて、音楽に合わせながら、火のついた棒をくるくるまわすショーが始まった。真っ暗闇のなかで勢いよく回転する赤い炎は、まるで火を噴く獰猛な生き物のようにさえ見えた。火が消えると、棒の先をすぐに油の入った容器に浸しては再び回転させ、ときどきそれをポーンと天高く放り上げては素早く受け取る。見事なものだ。テーブルの客たちはみんな拍手喝采である。十分ほどでショーが終わると、いたく感心したCさんは若者たちにチップをはずんでいた。

今夜もまたわれわれはシンハービールを四本ずつ空けて、数日後またバンコクでの再会を楽しみに、ホテルに戻った。

Cさんがバンコクへ戻ってしまったので、この島でただ一人の日本人になってしまったようだ。早く寝ても五時間ほどで目を覚ます。その後なかなか寝付けないのも老人への一段階か。朝、裸足でビーチの北の外れまで歩いていくと、一軒のあばら家の前で大きな木の枝に結び付けられたぶらんこが風に揺れていた。何となく寂しい風景である。年から年中熱いこの国では、北国の人が季節の変わり目にふと感じるような、センチメンタルな気分など理解するのは難しいに違いない。

浜辺の木陰になっている涼しい場所に莫蓙を敷いて、ずっと本を読んでいた。この頃はさすがに老眼鏡が欠かせないし、景色を眺めるにはサングラスが欠かせない。今まで眼鏡なしの生活の方が長かったせいか、容易にこの習慣に馴染めずにいる。ときどきは平気で眼鏡を取り違え、サングラスで本を読んでいたり、老眼鏡で風景を見ていたこともあった。

退屈を感じるどころか、時間は驚くほど速く過ぎ去っていく。以前、妻が「それって、すごく充実してるってことじゃないかしら」なんて言っていたのを思い出す。ソルジェニツィンの主人公は強制収容所のなかで、「人間、慣れれば一日何時間でも寝ることができる」という幸せな発見をしたけれど、今の私は少しばかり彼に似て、ずっと本を読み続けても飽きないし、まるで疲れを感じない。

昨日のうちに予約しておいたＶＩＰバスが朝九時にホテルまで迎えに来てくれた。十人乗りの結構大きなワゴンで、運賃も普通バスの三倍と高いけれど、これだと船からいちいちまたバスに乗り換えたりする必要もないし、快適に早く、しかもバンコクのホテルまで行ってくれるのだから申し分がない。青い海と光る島影に気をとられているうち、フェリーはいつの間にかもう対岸に到着していた。どうやら来たときとは別の港らしいと気付いたのはだいぶ後になってからであった。

三列シートの真ん中に一人で座を占めてうとうとしているうちに、車が急に停車した。結構スピードを出していた若いドライバーが、スピード違反取締りの警官に捕まってしまったのである。ドライバーは免許証を見せて何事かを言いながら、すぐにポケットから紙幣を一枚取り出して警官に渡すと、警官はもう一人いた同僚に指でオーケーサインをだし、腕をまわして早く車を出せという仕草をする。それで一件落着だ。日本ならどちらも逮捕される事件だろうが……。

ドライブインで休憩したとき、彼に「いくら払った?」と聞いてみたら、「百バーツ」とのことであった。厳格で杓子定規な日本に比べて、こちらの国のほうが、誠に大らかで人情味に溢れているという気もする。この日は全国一斉に交通取り締まりを実施していたらしく、バンコクへの途中あちこちで警官に停止させられている車を見かけた。

それでもホテルに着いたのは予定より一時間も早かった。近くのレストランで、焼き魚とビール、それにグリーンカレーの夕食をとった後は、部屋に戻って、早々と寝てしまった。少し疲れていたらしく、珍しく十時間以上も眠り続けた。

次の日の夕方、Cさんが六時にホテルのロビーまで来てくれた。タクシーで十分ほどのところにある、彼お勧めのタイ料理店に向かう。奥さんに聞いてきたというメニューは、魚の形をした鍋を炭火の上にかけて温めながら食べる魚の味噌煮。春雨と海老の混ぜ合わせ、そして海老のガーリック炒めである。どれもこれも大満足だ。またまたビールがすすみ、そのうえ可愛らしい二人の女の子が「フェーダー・ブロイ」という新銘柄を紹介してくれたから、それも互いに三本ずつ飲んでしまった。前と同じように愉快に盛り上がった後、再びタクシーでジャズのライブハウスに向かった頃には、もう九時をまわっていた。

十五分で着いた日本人ジャズプレイヤーが経営するというライブハウスは閉鎖されていて、Cさんはびっくりである。

「つぶれちゃったのかな。とてもいい店で、先月も演奏を聴いたばかりなのに。オーナーがいい奴でね……」

「今は世界的な不況だから、つぶれても不思議じゃないですね」

「もう一軒、別な店に行きましょう」

二十分ほど乗ったタクシーのなかでCさんは無言だった。馴染みの店がなくなってしまったのがショックだったのかもしれない。

次の店のライブ演奏は素晴らしかった。

吹き抜けの広い店内は外人客も多くほぼ満員状態で、若いウエイトレスが奥のテーブルにやっと二席だけ確保してくれた。ブルースが中心の演奏はボリュームも大きく、低音がズシンと下腹にまで響いて、どことなくロイ・ブキャナンの演奏を彷彿とさせる。

二、三曲演奏した後ちょうど休憩が入って、最前列のテーブルに座っていた客たちが何人か出て行ったので、二人すぐそちらに移動し、迫力ある演奏を楽しんだ。ただ、あまりの大音響のため、二人の会話は全く不可能であったが。四人の若者がそれぞれベースとギター、そしてドラム、電子ピアノを演奏し、ギターを弾く大柄な青年がボーカルを担当していた。薄暗い照明のなかで見る彼は、色が浅黒くまるで黒人のようであった。

時間は瞬くうちに過ぎて、気がつけば時刻はすでに一時近く。私は明日の晩また北京へ戻るから、体調を整えておきたかった。

Cさんはタクシーでこちらのホテルまで付き合ってくれた。どこまでも律儀な人である。

「今夜は、素敵なライブを紹介してくれてありがとうございました」

「いやあ、こちらこそお会いできて本当に愉快でした。今度またお会いしましょう」

「来る前にはご連絡します」

われわれはいつものように握手をしてさらりと別れた。

遅く寝たのに、早く目覚めてしまうのはどういう訳だろう。軽い運動を兼ねてホテルのまわりを散歩してみたのだが、歩道上には露店や屋台がところ狭しと並んでゆっくり歩けるような状況ではなく、早々に部屋に戻ってしまった。

朝食後、新聞を読んだり荷物の整理をしているうちに、気がつけば時刻はもう十二時をまわっている。追加料金を払って、チェックアウトを夜まで延ばしておいたから、少しはのんびりできるのだ。

午後はプールでひと泳ぎ。何人かの人がプールサイドの長椅子で読書したり、日光浴をしているだけで、泳いでいる人は誰もいなかった。

二時間後タクシーで空港に向かった。明朝は妻が待っていてくれる北京である。天気予報はマイナス七度で、タイとの温度差は四十度。まあ、それもまた楽しだ。

［13］中国旅行

上海から

上海浦東空港に到着したのは夜の九時過ぎだ。ホテルのマイクロバスに乗る前、暑いので売店で缶ビールを六本ばかり買い込んでバッグに入れた。中国のビールはアルコール度が三・五パーセントと弱いから、このぐらい飲まないことにはなかなか酔わない。

バス乗り場で一人の中年男が運転手に何事かを大声で告げると、奥さんらしき女性を残して慌てどこかへ走って行った。「ロビーのベンチに鞄を置き忘れたんですって」と妻が説明してくれる。しばらくして戻ってきた男のがっくりした様子から、すでに鞄が見つからなかったのがわかった。悪いのはもちろん盗む奴だけど、この場合置き忘れたほうにも落度はあっただろう。

予約した空港近くの大きなホテルは清潔で、ボーイたちもみな礼儀正しく、ロビーに下がった大きなシャンデリアもベージュ色の大理石の床を明るく照らして感じが良かった。明日、私は妻と彼女の友人である中国人のＫさんと共に浙江省の省都杭州へ行くのだ。

朝早くホテルの送迎バスでまた空港まで行き、到着ロビー横にあるバスターミナルから出る杭州行きの直行バスを探した。雨のなかを乗り場まで歩いて行くと、フロントに上海―杭州と大きな赤い文字の書かれたバスがすでにエンジンをかけたまま止まっていた。われわれが乗り込んでも乗客は五、六人ほどしかいない。

バスはしばらく雨に煙る灰色の殺風景な荒地のなかを走り、次第に雑然とした町中へと入って行った。地図を見ると高速道路は上海市内を避けてずっと郊外を走っているはずなのだが、郊外とはいってもそこはさすがに世界的な大都市のこと、もう中心部かと間違えてしまうほどなのである。途中、道路と並行していた高架線の上をリニアモーターカーが、あっという間に追い越して行った。時速四三〇キロのスピードで、私が妻とＫさんに「あれ」と指差したときにはもうその影もかたちもなくなっていた。この乗り物もやはり現代中国の威信と国威発揚の象徴であるには違いない

渋滞にはまってノロノロ運転が続いているうち私はいつの間にか眠ってしまったらしく、目を覚ましたときバスはもう広々とした田園地帯を走っていた。ところどころに現われる農家の建物はみな三階建ての立派なもので、このあたりが中国でも特に豊かな地方であるのがよくわかる。

片手でハンドルを握り、もう一方の手に携帯電話を持って先ほどから大声で話し続けていた運転手はやっと話し終えると、今度はポケットからやおら煙草を取り出してスパスパ吸い始めるのだった。バスは一度だけ途中の大きなドライブインで休憩した。そこはつい最近完成したらしく、トイ

レも清潔だったし何もかも真新しかった。レストランも土産物屋もどことなく日本によく似た感じがする。

雨が上がって薄日が差しだした広い駐車場を、心地よい風が吹き抜けていく。「あとどのぐらいで着くの？」と乗客に聞かれた運転手は、「一時間だよ」と指を一本立てながら、真っ黒い歯を出してニッと笑った。

西施

西湖のほとりに出たとき、ちょうど薄日が差してきて急に暑くなった。

この湖の名は、紀元前五世紀の春秋時代末の美女西施に因む。日本はまだ縄文時代で、文字も記録もなく、何事が行われていたのか皆目わからない時代である。湖にまで名をつけられるほど、西施は紛れもない絶世の美女であった。

呉に敗れた越の王勾践（こうせん）は、呉王夫差（ふさ）が好色であるのをよく知っていて、復讐を果たすべく夫差を虜にしてしまうような美女を全国から集めさせた。彼は美女に夫差を籠絡させ、女に夢中になっている隙を狙って、再度戦を仕掛けようとしたのである。その結果、山で薪を売っていた美しい西施を見つけ、諸芸を教えて夫差に献じたのだ。諸芸というととても聞こえはいいのだが、西施の修業は舞踊や教養だけではなく、もちろん、男を骨抜きにしてしまうようなさまざまなセックスのテクニックにまで及んだはずである。彼女は町の楼閣で秘儀や媚態まで会得させられている。

胸に持病のあった西施は、発作が起きると痛みのあまり眉を顰め胸を押さえて歩いていたらしい。その姿はか弱く、美しく、かつ大変に艶めかしかったので真似をする女性も多かったようだ。一人の醜い女も真似をして眉間にしわを寄せ、胸を押さえて歩いたのに、こちらは醜さがますますひどくなって人々がみな逃げ出してしまったほどだったという。「無暗に人の真似をするのは愚かなこと」を意味する故事「西施捧心」はここからきており、これが日本語の「顰に倣う」の由来である。もうひとつこの時代の有名な故事は「臥薪嘗胆」。「臥薪」とは越王勾践に父を殺された夫差がその恨みを忘れぬよう薪の上に寝ていたことであり、「嘗肝」とは、後に夫差に捕まって投獄された勾践の家臣がやはり復讐心を忘れぬように動物の肝を嘗めていたことに由っている。薪の上に寝続けて見事恨みを晴らした夫差も、女にはまるで節操がなく、相変わらず西施に熱をあげて国を顧みなくなっていた数年後、呉は勾践の思惑どおり、越に攻め込まれてあっけなく滅びてしまったのである。

中国では虞美人や楊貴妃といった、男を骨抜きにして挙句の果ては国まで滅ぼさせてしまうような美女や悪女が何人も存在したが、寡聞にして私は日本でそのような女性を知らない。これは偏に中国人と日本人の国民性の違いなのであろうか。女にうつつを抜かしている英雄や帝など日本では全く評価されないどころか、さっさと歴史の隅に追いやられて、誰の記憶にも残らない。

悪女で私にすぐ思い浮かぶのは妲己や驪姫の名である。殷の皇帝紂王の妻であった妲己は、時代を経て久寿元年（一一五四年）日本に現われたときには玉藻前と名を変えて鳥羽上皇を誑かした。上皇は彼女の美貌に魅かれて夫婦の契りを結ぶのだが、セックスのたびごと精気を奪われてやつれ果ててしまう。結局、陰陽師阿倍泰成によって彼女の正体は九尾の狐であるのが明らかとなり、那須野原で成敗されたのであった。また、驪姫は紀元前六五〇年頃晋の楠公を虜にした美女である。彼女は姦計を巡らして楠公の息子を自害させ、自分の息子を皇帝に即位させた。

もう一人だけ紀元前百年頃の美女王昭君についても書いておこう。当時、匈奴からの度重なるさまざまな要求にほとほと困り果てていた元帝は、貢物として女を捧げることにしたのだ。そこで絵師に後宮で一番醜く描かれていた王昭君に白羽の矢が立ったのであったが、いざ別れを告げに現われた彼女を見ると、帝はその美しさに唖然としたのである。しかし時すでに遅く、帝は仕方なく彼女を送り出したのであった。王昭君が絵師に賄賂を贈らなかったため一番醜く描かれたことを知った帝は、即刻絵師の首を刎ねたというが、しかしもう後のまつりというものだろう。

越王から美女西施を贈られた呉の王夫差も、越の戦略どおり彼女にメロメロになって、この一人の女のために呉は滅びてしまった。お伽話だけでなく現実の世界でも、美は人を破滅させてしまうほどの恐ろしい魔力を持っているようだ。

松尾芭蕉は「奥の細道」で「象潟(きさかた)や　雨に西施が　ねぶの花」の句を詠んでいる。

昔、車で象潟を訪れた折、私はおぼろげながら途中に「せいし」という地名があったように記憶しているのだけれど、ひょっとして芭蕉はこの地名から西施を連想したのではあるまいか。

「奥の細道」が書かれた元禄二年当時、象潟あたりはちょうど松島のように小さな島がたくさん点在していた入江だったのが、文化元年（一八〇四年）に起きた大地震のため陸地が隆起して水が引き、象の鼻のように細長く延びていた潟は消えてしまい、現在、田圃のなかにいくつもの小山に見えるところが昔「九十九島」と呼ばれた小さな島々の名残ということだ。芭蕉はこの景色に行ったことのない西湖を重ねて句を作ったのだろう。そして、優しげでかつ艶めかしいピンク色をしたねむの花が雨に打たれるさまは、胸を痛めて眉をひそめる、美しく物憂い西施を彷彿とさせたのではないか。

芭蕉は書いている、「松しまはわらふがごとく、象潟はうらむがごとし」と。

杭州　中国京杭大運河博物館

杭州はきれいな都だ。大通りに美しい並木が続き、市内を流れる川は照り出した強い日差しにキラキラ輝いている。中国では「天に極楽、地には蘇州と杭州」と言うとKさんが教えてくれた。

妻とKさんは中国京杭大運河博物館に行くというから、ホテルに荷物を置いた後すぐそこへ向かった。

若いタクシー運転手は陽気で話し好きで、われわれ三人の組み合わせに興味をそそられたらしく、「どっから来たんですか?」とか「仕事は何?」とか、日本人の月収についてなど次々に質問を浴びせてきた。北京生まれのKさんは「この人、なんだかすごい訛りが強いのよね」と微笑んでいる。

運河沿いの道路を走ってすぐ近くまで来ていたはずなのにどこに博物館があるのかわからず、運転手は何度か車を降りて道行く人に聞きに行った。何人かに聞いてやっとわかったらしく、それから車を二度右折させると浙江省の省庁らしき大きな建物があって、広場を挟んだところに目指す博物館が立っていた。出来上がってまだ日が浅く、ガイドブックにも掲載されていないほどだから、運転手がこの場所を知らないのも無理はなかったかもしれない。京杭大運河とはつまり北京と杭州とを結ぶ運河の意味である。

隋の時代に造られたこの世界最古である京杭大運河の長さはスエズ運河の十倍、そしてパナマ運河の二十一倍もあるというから、千五百年も前に千八百キロに及ぶ大運河を完成させたその技術力には感嘆せざるをえない。

隋の時代、どのように人々が運河を掘り進め、そしてどのように利用したのかがこの博物館の一番の要であろう。各部屋の前に掲げられた大きな案内板は中国語とごく簡単な英語で、それ以外の場所では全ての解説文が中国語のみだったから、何が書かれているのか皆目わからなかった。いくつかの古銭の横に出土した中国の年代が明示されていても、やはりそれが西暦の何年に当たるのかは見当がつかなかった。平日の昼下がりのせいか、あるいはまだ出来上がったばかりであまり宣伝が行き渡っていないせいか、館内にはわれわれ以外ほんの数人の見学者がいるのみであった。

隋書の記録によると、聖徳太子が大和朝廷の使節である遣隋使を派遣したのは西暦六〇〇年のことなのだが、しかし不思議なことに、この年と六一〇年の遣隋使に関して『日本書紀』には何も記載されていない。

一方、六〇七年に小野妹子が仏法の習得を目的として派遣されたのははっきりしており、このとき、妹子の携えていった「日出る処の天子、書を日没する処の天子に致す、恙無きや云々」という天皇の国書が、「蛮夷の書、無礼なる者……」と煬帝を激怒させたのはよく知られた話。遣隋使が派遣された回数についても三回から六回までと諸説あるけれど、いずれにしても、隋が滅び去ったため六一四年の派遣を最後としてこの事業は遣唐使に引き継がれていったのである。

「中国では何かしら大事業を行った皇帝は早く滅んでいるのよ」とKさんが説明してくれた。確かに、万里の長城を造った秦は、始皇帝が永遠に存続していくのを夢見たにもかかわらず、たった十五年ほどで消滅してしまったし、大運河を完成させた隋もわずか四十年ほどしか続いていない。

南北朝時代が終わって、五八九年に統一された隋王朝は文帝の政策によって発展を遂げたのに、その後を継いだ息子の煬帝は堅実な父とは違って何事にも積極策を打ち出し、そのひとつが大運河の造営だったのである。この大土木工事で国内は大混乱に陥って結局煬帝は殺され、隋は滅亡したのだ。それにしてもブルドーザーやショベルカーといった機械もない時代、人民に北京から杭州まで運河を掘らせるとは、煬帝は途轍もないことを実行させたものだ。しかも二千キロ近いその距離は、日本の本州よりも長いのだから本当に恐れ入る。また六一二年、煬帝が高句麗へ遠征した時に率いた軍は一一三万人、そして輸送隊はその倍であったというからやはりスケールが違う。

しかし、工事や軍に駆り出された人々が疲弊しきって、次第に皇帝に対する恨みを蓄積していったのは当然であった。重い税や仕事が割り当てられ、そのうえ徴兵されるのだから、農民はたまったものではなく、反乱は起こるべくして起きたのである。同じ頃、日本でも斉明天皇が大和に数キロの運河を掘らせているのだが、その規模も長さも中国とは較べものにはならない。だが、「運河を掘って公の糧を費した」ことが有間皇子の変の一因となっていったのは隋の状況によく似ている。

隋の後に出現した唐の時代が比較的長く続いたのは、やはり国家的な巨大土木工事などを実施しなかったせいかもしれない。その意味では、唐が絢爛豪華な文化を生み、発展を遂げたのは、煬帝が大運河を完成してくれたおかげであったといえるだろう。大運河はその後の経済交易に想像以上の大きな貢献をし、内外からイスラム商人をはじめさまざまな人種が流入して国は活気を呈したのである。運河は、汽船や汽車などが出現して、輸送が目覚ましく発達した二十世紀初頭まで利用され続けてきたのである。

運河博物館からほど近いところにちょうど市内に行く船乗場があったので、われわれは船で戻ることにした。小型船の乗客七、八人のほとんどは老人であった。緩やかな速度で進む船のなかに爽やかな風が吹き抜けていった。隅田川と同じぐらいの幅を持つこの川が人力によって造られたとは、歴史を知らなければとてもにわかには信じがたい。

中国の権力者たちは、万里の長城を築いた始皇帝をはじめとして、本当に途方もないことを思いつくものだ。そこに共通しているのは、最優先されるのが絶対権力者の富や幸せであるのが当然で、庶民などまるで念頭にもなかった点だろう。

例えば、「酒地肉林」を行った殷の紂王だ。酒を好み淫楽にふけった彼は、酒の池と木々に肉をかけた林を造らせ、そこで裸の男女を互いに追いかけさせたという。農民たちは遠くからこの様を見ては恨んだと『史記』は伝えているが、それはそうだろう。中国における歴代皇帝たちの贅を尽した華麗な生活から見れば、日本の権力者たちは信長や秀吉、そして家康でさえ何とも質素でいじましいほどではないか。

鬱蒼たる柳の並木が連なる運河の両岸では、のんびりベンチに座っている人たちや散歩をしている人たちの姿が見られたのだが、船が市の中心部へ近づくと、混み合う道路から大音響のクラクションやさまざまな音が響いてきて、私は長閑な田舎からいきなり大都会の喧騒のなかに引き戻された。短い時間でも、いろいろなことを考えさせられた船旅ではある。

下船してから、三人で西湖のほとりにある楼外楼で食事をしようということになった。そこは大正十年に大阪毎日新聞の特派員として中国に派遣された芥川龍之介も立ち寄った老舗である。ところが運悪くちょうど夕方のラッシュアワーで、空車のタクシーは一台も捕まらず、三十分以上道路に立ち尽くしても結局無駄であった。

はじめのうち私はまるで気づかなかったのだけれど、よく見ると偶然にも道路の向かい側に立っていたのはわれわれが宿泊しているホテルだったのである。いつの間にかホテルのすぐそばまで来ていたのに、迂闊にも三人とも全く気がつかなかったのだ。

われわれはそれがわかると何だか急にどっと疲れが出て、とりあえず部屋に戻って一休みしてから、どこか近くのレストランで食事をすることにしたのだった。

霊隠寺

郊外の山麓にある古刹霊隠寺に向かう。

東晋時代の三二六年にインドの高僧慧理（えり）によって建立され、かつて十世紀には三千人の僧を擁していたという禅寺は、鬱蒼たる林のなかで荘厳な佇まいを見せていた。しかしちょうど日曜日だったためか境内は夥しい数の参拝者で溢れ、残念ながらゆっくり落ち着いてお参りできるような雰囲気ではなかった。それでも深い木立のなかを流れる谷川と、向かい側の飛来峰に点在する十世紀から十四世紀にわたって彫られた摩崖仏群とは私の心を癒してくれた。一番古い仏像が彫られたのは九五一年だというから、もう千年以上も前なのである。

古刹霊隠寺

　中国の寺院は日本に比べると、総じてだいぶ大きくて荒削りな印象を受ける。なかに祀られている像も、たいていは赤や黄、青といった原色で塗られているせいか、あまり神々しいといった印象は受けないのだ。素朴な造りの日本の寺のほうが御利益がありそうに思えるのは、私が日本人であるからだろうか。考えてみれば、中国国内で隋や唐の時代に建てられた寺院はひとつも残ってはおらず、それらのオリジナルな様式美を今に伝えているのは奈良の薬師寺や唐招提寺といった古刹なのである。

境内には相変わらず多くの人々が行きかっていた。団体で来ているお年寄りたち、長い線香をもってひとつの寺院から別な寺院へと移動していく人、記念撮影をする若者たち、膝まづいて何度も繰り返し敬虔な祈りを捧げる人たち、線香を両手で握りしめてそれを額の前にかかげながら、前後左右に深々とお辞儀を繰り返す人、そして線香の煙が中空に青い靄となって漂っている。信じる者だけが救われというのは、きっと本当のことだ。ここに立っていると、心底そんな気にさせられる。

山門風に作られた入場ゲートの上に掲げられた金地の看板には優しい女性的なタッチで霊隠寺と書かれ、その左端に江沢民のサインが入っていた。

岳王廟

待たせていたタクシーで次に向かったのは、西湖のほとりに立つ岳王廟だ。

廟のなかに立つ大きな岳王の像も黄色い原色の派手な衣装をまとって、日本の英雄像の印象とはだいぶ違う。中国や韓国の寺院では、木像などが古くなって色褪せるとまた色を塗りなおして新しく見せる。日本の寺は時の流れで褪せてしまった色は、それはそれで時間が作り出したひとつの造形であるとそのままのかたちで受容しているのではないか。法隆寺や東大寺、はたまた唐招提寺から薬師寺等に収められている仏像に、悉く色を塗りなおしていたなら、昔から伝わる微妙な息遣いや歴史の味わい、そしてその像だけが持つ独特な荘厳さまでも同時に消え去ってしまうような気がする。

岳王廟

北宋の岳飛(一一〇三—一一四二)は度重なる女真族の金との戦で活躍した武将である。彼は金との更なる抗戦を強硬に主張したため、和平論を唱える宰相秦檜によって謀反を口実に捕えられ、獄死させられてしまったのだが、しかし死後、無実が明らかになって、救国の英雄としてこの岳王廟に祀られたのである。一将軍に岳王と王の文字がつけられているのも、いかに彼が人々に敬愛されていたかの証左だろう。中国で岳飛は、関羽と並び称されるほどの英雄なのである。

小さな池の脇を抜けて奥へ行くと、石壁を背にして岳飛を裏切った悪人たち四体の鉄像が鉄格子のなかに並べられ、多くの観光客がこれらの像に石を投げつけたり、唾を吐きかけていたのには驚かされた。

二体ずつ並べられた鉄像は、よく見ると上半身裸のまま後ろ手に縛られて、やや俯き加減に正座し、後ろの壁に秦檜と彼の妻王氏、そして張俊と万俟という鉄の名札がはめ込まれている。そして、その向かい側には、広場をはさんで岳飛とその息子岳雲の立派な墓石が立てられ、「宋岳鄂王墓」と達筆で彫り込まれた白い石の背後に二つの円墳が並んでいた。

岳王廟を出てから西湖のほとりを少し散歩して、食事することのなかった楼外楼の前を歩いて行くと、一面蓮の葉に覆われた湖畔のところどころに薄いピンクの花が咲いていた。その花の最盛期がいつ頃なのかは知らないけれど、一斉に咲きだしたならさぞや見事だろうと思われた。

虎跑泉

済南へ行く飛行機の出発は夕方だったから、余った時間で虎跑泉へ行ってみることにした。西湖の南西二キロほどの所にあるその泉からは、天下第三の名水が湧き出し、やはりよく知られている龍井茶の産地は、そこからさらに二キロほど離れたところである。伝説によれば唐の時代、ある仙人が二頭の虎を使って泉を掘り当てさせたのでこの名がついたのだという。

急須でお茶を飲む以外に、中国では茶葉を直接茶椀やガラスのコップに入れて熱湯を注ぐやり方もある。しばらくすると葉っぱが器の半分ぐらいまで膨らんでくるから、その上澄み液を飲むのだ。

唐の趙璘が記した因話録によれば、当時の粋人、李約に「茶は須く緩火もて炙り、活火もて煎るべし。活火とは炭火の焰有るものを謂ふ」という語があるそうだ。「茶を烹る」という語はすでに前漢の文献に見られるという。

茶屋の陽気なおばさんに、普通、中程度、高級なものと三種類のお茶を試飲してごらんなさいと言われて、飲み較べてみると確かに普通よりは中が、さらには高級品がもっとも味わい深いのが私にもよくわかった。「ねえ、やはり高級品が一番いい味がするでしょう」とおばさんは微笑んでいる。彼女はとても親切で、飲み終えた茶碗に何度でもお湯を注ぎ足してくれるのだった。結局、私は高級茶を二つ買って、ひとつを携帯用のガラスの筒に入れてもらった。それがあれば喉が渇いたとき、いつでも高級茶が飲めるという訳である。ただ、それぞれに四、五倍も開きのあるお茶の値段が、一体どのように決まるものやら、私にはよくわからなかった。

空港に向かう道路は途中事故があって、少し渋滞した。古い泥だらけのトラックと追突されてトランクのへこんだ小型乗用車が路肩に止まり、その横ではすでに警察官たちが交通整理を始めていた。何人かの男たちが無表情のままトラックの後ろに立ち尽くしていたが、見たところ大した事故でもなく怪我人もいなかったようである。

私は数年前敦煌で目撃した酷い交通事故を思い出していた。郊外にあった月牙泉からの帰路、一台の白い小型車が妻と私の乗ったタクシーを猛スピードで追い越して行ったのだ。いかに交通量が少ないとはいえ、細い田舎道を百キロ近い速度で走るとはずいぶん勇ましい輩がいるものだと、私は半ば呆れていたのである。

その日は朝から精力的にいくつかの場所を訪れていたから、さすがに夕方になるとどっと疲れが出て、妻は隣でうとうと眠っていた。砂漠からの道路はやがて美しい並木道となり、あたりにはすでに夕暮れの匂いがほんのり漂い始めていた頃、いきなり前方からドーンという大きな音が聞こえてきたのである。四、五十メートルほども先の方だったろうか、私には、白い服を着た人が突然ポーンと高く宙返りをしたように見えたのだが、何事が起きたのかまるで理解できなかった。

先ほどわれわれの車を追い越して行った白い乗用車がスピードもゆるめず、横に荷台をつけたバイクに激突したらしく、高くジャンプしたように見えた白い服は、荷台に座っていた女性が凄い勢いで撥ね飛ばされたのであった。直後、道路に激しく叩きつけられた彼女は、道の中央でうつ伏せのままですでにもう身動きひとつしてはいなかった。あのスピードでぶつけられたのでは、ひとたまりもなかったに違いない。十メートル以上も離れた並木まで飛ばされていたバイクを運転していた男は、微かに両手を動かしていたから生きてはいたのだろう。彼の顔もシャツも真っ赤な鮮血に染まっていた。

白い車から中年の男女が五人降りてきた。事故を見て集まってきた付近の農民たちに、一人の男が大声で何事かを叫び、一人の女は震えて泣いている。

「あれは他県ナンバーの車だ」とタクシードライバーが教えてくれた。「並木のあいだからはいつバイクや自転車が飛び出してくるかもわからないから、自分たちでさえこのあたりはスピードを出さないのに、他県の連中ときたらまるでそんなことにはお構いなしですよ。もしこれが目撃者もいない夜だったら、連中間違いなくさっさと逃げてしまったでしょうね」

数十人の人たちが二人の被害者を遠巻きに眺めている。誰かが救急車を呼んだものかどうかも私にはわからなかった。しかしすぐに医者が来たとしても、あの状態では女性の命を救うのは無理だったろう。男性は助かるかもしれないが……。

目を覚ましたばかりの妻には、何ごとが起こったのかよく分からなかったようだ。

「中国で人間の命はとても軽い」とだけ私は言った。

済南

市の中心部に建つCホテルは周辺にデパートやレストランなどがたくさんあって、言葉のできない私には何かと便利だった。Kさんと妻が安陽へ行っている一日だけここに泊まって、明日は青島に住むドイツ人の友人がやって来るから、みんなでS大学に近いホテルに移ることにしていたのである。

妻とKさんはタクシーのなかからホテルのフロントに電話をしてシングルルームの料金を聞いてくれた。というのも、この国では多くのホテルに外国人料金があって、中国人が予約するほうがいくらか安く泊まれるからである。

シャワーを浴びてから、テレビの日本語放送を見ているうちアルコールも手伝っていつの間にか眠ってしまったらしく、気がつくと長椅子に寝そべったままで、テレビも電気もつけっ放しのままだ。エアコンの効かせすぎで少し喉が痛かったので、熱いお茶を飲み再び目覚めたときはもう朝になっていた。幸せな人生だ。

次の夕方、私はKさんと一緒に、青島から列車で来るG教授を中央駅まで迎えに行った。彼は一年前にドイツの大学を定年で辞めてからは、南国に長期滞在したり、ときどきは旅行したりと悠々自適の生活を送り、特にこの夏は家を改修していたから、一月ほど中国に滞在していたのである。

中国の大都市の駅はどこも人で溢れているから、無事会えるかどうかちょっと心配したけど、幸いなことに黒い小さなカバンひとつという身軽さでエスカレーター横に立っていたG氏にすぐに気付いた。

タクシー乗り場は夕方で長蛇の列だ。こちらが並んでいるのに、何人かは平気で横から割り込んでくる。それでもやっとわれわれの順番が来てタクシーに乗り込もうとしたら、交通整理をしていた男が何事か大声で言いながら近寄ってきて、誰も乗せずにその車を行かせてしまった。

後でKさんの言うことには、そのタクシー運転手は本来禁止されていた場所で客を降ろすと、他の車が順番に並んでいたにもかかわらず、すぐに脇から割り込んできたらしい。しかしそのときには何事が起っていたのかまるで分らなかったから、車を行かせた男にG教授と私は「われわれは長いこと待っているのに、どうして乗ってはいけないのか」と英語で抗議したのである。彼はそんなことは全く意に介さず、次に来た車を指差すと早く乗るように身振りで示すのだった。こんな些細なことでも、やはり中国人と日本人とはまるで違っている。

ホテルに戻ったときにはあたりはもうすっかり暗くなり、妻と友人のO夫妻がロビーで談笑しながらわれわれ三人を待っていてくれた。私は「ドイツの友人です」と教授をみなさんに紹介した。O夫妻を紹介したとき、うっかりお二人を同一の姓で言ってしまったのだったが、中国では夫婦別姓が普通だから、本来は夫婦別々に紹介すべきだった。

丸テーブルを囲んだ食事の酒はビールに紹興酒である。数年前、敦煌のオアシスに造られたワイナリーで飲んだ白ワインは絶品だったけれど、中国ワインは当たり外れが大きいので今回は見合わせた。

G教授は片言の日本語を話し、妻とKさんとは日本語、私とはときどきドイツ語、そしてO夫妻とは英語という訳で、テーブルではいくつもの言葉が飛び交うことになった。

Oさんは目の具合がとても悪く、このままだといずれ失明するだろうと医者に言われて、妻も私も心配していたのだったが、思いのほか元気だ。

「一時はとても落ち込んだけど、今は元気になりました。目が見えるうちに、また日本に行きたいわ」と言うのだった。

楽しい時間は、瞬く間に過ぎてしまう。幸せとは決して長続きしないものだ。それがずっと持続していたなら、もう当り前のことになってしまうではないか。

大気汚染のせいか、それとも黄河に近い地形のせいか、夏も冬も常にもやっとした空気に包まれたこの町で、いわゆる日本の五月晴れや秋晴れに似た抜けるような青空を見たことは一度もない。

済南という町の呼び名は、渤海湾に注ぐ黄河の古称である済水の南側に位置していたことによる。済南の歴史は古く、黄河流域で新石器時代晩期の竜山文化の栄えたのは、四千年も前である。

そんな大昔に遡らずに近代史を見てみると、年配の日本人に知られているのは、昭和三年この町で起きた「済南事件」と呼ばれる日中両軍の市街戦だろう。国民革命軍が北伐を再開したので、日本は第二次山東出兵を断行して済南城を攻撃し、占領したのである。

しかし戦闘では在留邦人や中国外交官なども死亡し、中国人民の反日感情は増大したのであった。北伐とは、国民政府が中国共産党と協力して北方軍閥を打倒すべく、蒋介石を総指令として国民革命軍を北上させたことを指す。中華民国の陸海軍大元帥であった張作霖が列車ごと爆殺されたり、関東軍が暗躍したりと、暗く不穏な時代であった。日本は明治の日清、日露戦争以降、昭和二十年八月の敗戦まで、脇目も振らず侵略を続けたのである。

学生時代に旅行した東南アジアの国々で、私は多くの人たちから日本軍に対するさまざまな話を耳にした。それらの大半は日本人としてあまり心地いいものではなかったが、それでもなかには、「日本人はとても真面目だ」、「礼儀正しい」、「時間も約束も守る」等々、好意的な意見もあった。何人かの現地の学生は、「日本がこれだけの経済発展を遂げたのは、真面目な国民性と教育システムの成果である」と信じて疑ってはいなかった。

しかし、ある国で知り合った中年男性は、「昔、日本の兵隊に刺された傷だ」と、私に手のひらを見せてくれた。子供の頃、物を盗んだと疑われた彼が、自分はやっていないと手を振って否定したところ、一人の兵士にいきなりその手を突き刺され、剣が手を貫通して、それ以降指が動かなくなってしまったという。戦争を知らない世代とはいえ、日本人としてはやはりこうした加害者としての意識を忘れてはならないと思うのだ。自分に何の科がなくとも、その国の人間という理由だけで殺されることは十分あり得るのである。

ホテルの部屋の窓から、下を流れる小さな川岸の公園でたくさんの人たちが一緒に太極拳をしているのが見えたせいか、部屋にじっとしているのが何だか急にもったいないような気になって、朝食の前に少しあたりをうろついてみることにした。

いくつかあった途中の小さな公園でも、やはり幾人もの人たちが太極拳や剣舞をやっているのが見られた。剣舞をやっているのは老人が多く、片手に一メートルほどの剣を握ってゆっくりしなやかに身体を動かすのである。みんなが微笑みながら舞っている姿を眺めているだけで、こちらもいつの間にか幸せになって、そのパワーを分けてもらっているような気持ちであった。幸せはこんなふうに人から人へと伝わっていくものだ。

同じ道を戻ったとき、一台の高級車が例によってクラクションを鳴らしながら、歩行者を押しのけてわがもの顔に走り去って行った。共産主義であるはずのこの国で、金持ちと貧乏人の差は一目瞭然である。ドイツ製高級車を乗りまわす金持ちと、自転車か徒歩の貧乏人という構図だ。この国が経済発展を遂げてさらに大国になるにつれて、ますます貧富の差は開いてくるに違いない。ずっとこのような状況が続いて行くなら、制度に対する人々の不満が徐々に高まって、最終的にはまた革命が起こるのではないだろうか。平和と革命の繰り返し、それがこの国の宿命なのかもしれない。

妻の学生時代の同級生であるF氏は政府関係の不動産を扱う大富豪で、青島にある彼の自宅は百億円という話である。私は何度か彼にお会いしたことがあったけれど、一見したところはごく普通の「人がいい親爺さん」で、ちっとも巨万の富を持つ人物には見えなかった。もっとも、いかにも金持ちであるとこれ見よがしに金ぴかに装っていたなら、そのほうがずっと身に危険が及ぶ確率は上ったのかもしれない。百億という桁違いの金額にこちらはびっくりしていたのだったが、よく聞いてみるとそれは中国元であって、日本円に直すと千六百億円ということであった。

昨年、F氏は同窓会のとき、三十数名の同級生全員を北京の高級ホテルに招待した。海外に住む人も含めてホテル代などは全て彼が負担したという。さらにF氏は桂林に建設中の高級ホテルの敷地に、別枠として同級生のために三十数個の部屋を作り、桂林に来たなら自由に使ってくれるように提供するそうだ。そんな話を聞いて、私はF氏のことがますます好きになった。金持ちがみなそんなことをする訳ではないのだから。

あるとき、彼が何気なくポロリと言っていた一言が、とても印象に残っている。「まあ、一億円以上は、いくらあっても同じですよ……」。それは決して自慢話でも何でもなく、F氏は本当にそう思っていたのだと思う。

朝食を取りにレストランに行くと、妻とKさんはバイキングの料理を選んでいるところだった。しばらくするとG教授もやって来て、テーブルにつく。昨晩、彼は九時に朝食をとると言っていたが、時計を見るとぴったりその時刻。ドイツ人特有の几帳面さというべきだろうか。油で揚げた中国パンに、彼がバターを塗って食べるのがKさんにはとても愉快だったらしい。

「ねえ、気づいた。みんなの選んだ料理が全部違っていて面白いのよ」と、彼女は一人ひとりのお皿を撮影し出す。いくつかの惣菜以外、G氏はパンの上にハム、チーズを載せたオープンサンド、私は焼きそば、妻はお粥、そしてKさんは焼飯といった具合である。なるほど、確かに食べものこそ個人的な嗜好もあるし、また民族による差異も大きいには違いない。

趵突泉公園

今日は、妻の友人の息子であるR君という大学生が、G教授と私をドライブに連れて行ってくれることになっていた。

ロビーで待っていると、全身白ずくめのR君が颯爽と現れた。彼は日本語も英語もあまり得意ではなかったので、S大のYさんという女性に通訳を頼んだという。われわれ四人はお互いに自己紹介をして、すぐR君の車に乗り込んだ。日差しは朝より一段と強くなっていた。

政治学を専攻しているR君は、いずれ卒業したら日本のどこかの大学院で国際政治学を学びたいらしい。Yさんはロビーで会ったとき、すごく日本語がうまいと思っていたら、母親が日本人で、高校まで東京に住んでいたのだという。新聞学科の二年生で、「一年生のときは経済学の課題が難しくて大変でした」と笑う。

助手席にいたYさんに「お二人はどういうお友達なんですか?」と聞かれる。初老のドイツ人と日本人が仲良く中国に滞在しているのが、彼女には不思議だったらしい。

「われわれはもう四十年近い付き合いでね、お互いよくドイツと日本を行き来するので、それぞれの家に長く滞在したりする仲なんですよ。G氏は以前、中国の大学で客員教授をしていたから、友人が多いんです。今回は、ドイツの家を改築中で、その間、青島に滞在しているという訳です」

「私が今住んでいる青島の海岸地区は、とても風光明媚で快適な所ですよ。ドイツよりずっと住みやすい」。教授がポツリと英語で言った。

最初に向かったのは趵突泉（しゃくとつせん）公園。

暑くても並木を抜ける風は涼しく、ところどころに置かれた石のテーブルでは老人たちが麻雀をしていた。年を取ってから、気の合う仲間とこんなふうに昼間から好きなことができたなら、本当に幸福だろう。せかせかと命をすり減らすまで働いて必要以上に金をためたところで、人生の楽しみを味わえないのでは空しい。

池の上に張り出した中国風テラスからG教授と私が魚の泳ぐさまを眺めていると、R君は小気味よいシャッター音のする最新のデジタルカメラで何枚も写真を撮ってくれた。「お父さんのを借りてきたんですって」とYさんが説明してくれる。彼女は花の写真を撮るのが大好きらしく、先ほどから園内のあちこちに咲き誇る色とりどりの花々を小さなカメラに収めている。ついでに、そこでG氏と二人並んで撮ってもらった写真には、白髪のドイツ人と日本人が直立不動のまま真面目な顔つきで真正面を見据えて写っていた。

中国を旅していて、私は白髪の人がほとんどいないのに気づいていた。妻は「誰だって少しでも若く見られたいのは当然でしょ」と言うけれど、これほど白髪頭の少ない国も珍しいのではないか。お隣の韓国も状況はよく似ているそうだが。

いずれにせよ中年以降、頭を真黒に染める風習のある国では白髪染めの売れ行きは膨大なものに違いない。中国人と同じような外見であるにもかかわらず、すぐに私が外国人だとわかるのは、この白髪のせいではないかとも思う。

さらに進んでいくと、寺院風の建物のなかでは水墨画と書の展示即売をやっていて、十元の色紙から二万六千元の掛け軸までとその値段もさまざまであった。涼しいその場所にわれわれ以外の見学者はおらず、ただ眩い光が中庭に照り返っているだけであった。

Yさんはここでも花の画かれた掛け軸を何枚か写真に撮っている。彼女には、描かれた花でも、美しければいいらしい。

黄河

黄河周辺の道路は奇麗に舗装され、美しい公園に生まれ変わっていた。私は数年前の冬にも、まだ整備中だった砂利道をタクシーに揺られながらここまでやってきたのを思い出す。その年は特に寒く、ミルクティーのような色をしたシャーベット状の泥流がジャリジャリ大きな音をたてて流れ、その上に掛けられた仮設橋を泥まみれのトラックが何台も渡っていた。

R君は窓を全開にして爽やかな風で車内を満たし、川沿いの道をゆっくり車を走らせた。今日の黄河は穏やかで、どちらの方向へ流れているのかもよくわからないほどであった。地平から空のなかほどまでもやっとした薄黄色のヴェールに覆われて、明るい幻想的な景色が広がっている。川幅は場所によってとても広く、まるで大きな湖のようにも見えた。

大河をめぐる物語

黄河を前にして私が思いを馳せるのは『三国志』の英雄たちである。

この小説には次から次にさまざまな英雄たちが登場して、まさに血沸き肉踊る物語が展開していくのだが、問題なのは誰か一人が特定の主人公という訳ではない点である。その場その場で目まぐるしく主人公は入れ替わり、あるときは関羽、あるときは張飛、そして劉備が活躍し、さらに孔明、曹操、孫権、黄忠、周瑜、趙雲等々、いちいち数え上げたらきりのないほどなのである。結局、それぞれの場面でそれぞれの英雄が主人公となって物語が展開していくのだが、要するに、この小説の主人公は個々の人間ではなく、極端に言うなら魏・蜀・呉といった国そのものなのだ。権謀術策の限りを尽くし、騙されたと見せて騙し、逆にまた騙されたりと、いずれにしても知略の限りを尽くして全力で事にあたっていく彼らの生きざまは、二千年近い昔のことであるにもかかわらず、現代のわれわれに依然として強力なメッセージを送り続けている。

『三国志』のなかで黄河が舞台の有名な戦は官渡の戦いである。袁紹は官渡で曹操軍と戦って敗れ、着のみ着のまま、八百余騎を従えただけで黎陽北岸まで逃げていく。この戦での彼ら二人の采配ぶりを読むと、いかに曹操には人望があり袁紹にはそれがなかったかがよく伝わってくる。愚かな上司を持つ部下は十分に悲劇的だし、それが原因で戦ともなれば簡単に命を落としてしまう。家臣からの人望も信頼も失った大将は、いとも簡単に裏切られ滅びていくのだ。曹操も何度かその場の怒りで忠臣を殺し、次の日になって後悔したりしているけれど、どうこう言ってもやはり彼が傑出した英雄であったのは間違いがない。曹操軍によって烏巣にあった食糧庫に火をかけられ、将兵の士気が落ちていた袁紹軍は、さらなる混戦のうちにその大半を失っていた。

けっきょく曹軍はこのいくさで八万余りの敵を殺し、大地のいたるところに、水溜りならぬ、血溜りをこしらえた。また黄河で溺死したものも、その数が知れなかった。

曹軍は全勝である。分捕りの金・緞子を、すっかり兵士らに分けてやった。おなじ時に手に入った地図や書類のなかから、ひとたばの手紙がでてきた。許都のほうに留守中の、あるいは現に前線にきている味方のものらが袁紹に内通して出した手紙である。「差出人の名まえを調べ、いちいち処罰されるがいい」と、侍臣らがすすめる。操は、そのすすめを採りあげなかった。「袁紹の勢いの前には、余ですらあぶなかったのだ。ましてや、ほかのものがかれに内通したのに不思議はないぞ」と、手紙をそっくり火にくべて灰にした。差出人の名まえを見ようともしなかった。

（完訳『三国志』（二）、村上知行訳、角川書店、平成二年）

官渡の敗戦の後、袁紹は一度冀州に戻って軍を立て直し、再度黄河へと出兵したのだが、「十面埋伏の計」によって破れている。

さらに、「演義」のなかで黄河が舞台となる痛快な話は、滑州（河南省）で川を渡ろうとした関羽の前に現れた夏侯惇配下の武将・秦棋（しんき）が、大軍を動員して妨げようとする「過五関」の場である。

黄河の渡り口に着くと、秦棋が軍勢を率いて現れた。

「丞相の手形をお持ちか」

「わしは丞相の指図は受けぬ。手形なぞ持っておらぬ」

「わしは夏侯将軍の命によって、この関門を固めているのだ。たとえ翼を挿そうと、ここを飛び越させはせんぞ」

「わしが途中を遮った者を斬ってきたことを知らぬのか」

「名もない雑輩は斬れようが、わしはそうはいかんぞ」

「貴様、顔良・文醜にも勝るとぬかすか」

関羽に言われ、秦琪は薙刀を舞わして斬ってかかったが、関羽の薙刀一閃、首が宙に飛んでいた。

「手向かった奴は死んだ。貴様たちは逃げることはない。すぐ船を支度して、わしたちを渡すのだ」

関羽は秦琪の部下に指図して対岸へ渡った。


（『図説・読み切り・年画・三国志』王樹村他編著、集英社、一九九四年）


魏の曹操軍の総大将夏侯惇は新野（しんや）から葉県（しょう）に進出した劉備を遊撃した際、陣営に火を掛けて撤退した劉備を追撃して待ち伏せにあい、大敗している。「演義」には、矢で目を射られた夏侯惇が目玉ごとそれを引き抜いて、「父母にもらった目玉」を食ってしまったという話が載っている。

『三国志』ではかように川を舞台にした戦が多い。百万の大軍を長江沿いに東へ向かわせた曹操軍と、孫権・劉備の連合軍との赤壁の対戦はこの物語前半のハイライトであろう。圧倒的な力を持つ曹操と講和しようとしていた孫権側を説得したのは孔明で、最後に彼は重臣・周瑜をも納得させて、孫権・劉備と共同で曹操と戦う決断をさせたのである。

このとき、周瑜が老将・黄蓋（こうがい）と謀ったのが、よく知られている「苦肉の策」、つまり「自分の身を苦しめてまでも敵を欺く謀(はかりごと)」であった。曹操を騙すために彼が送り込んできた偽投降者の裏をかくため、周瑜はその面前で黄蓋を血まみれになるまで打ちすえさせたのである。「連合軍は最早戦意を喪失している」と投降を装った黄蓋に告げられた曹操軍は油断し、赤壁で大敗を喫するのだ。

悠久の大河は、私にさまざまなことを考えさせてくれた。

私はG教授に、数年前の冬はまだ河川改良工事の真っ最中で、このあたりは荒地と河の他には何もなかったと説明した。以前から何度も中国を訪れている彼も、「そうだね、中国は特に最近急ピッチで変わっているからね」と言うのだった。

何度か車を止めて写真を撮ったけれど、景色にほとんど変化はなかったから、われわれは再びゆっくり戻ることにした。

レストランで

R君は今日、運転手とガイド、それにカメラマンと大活躍してくれた。決して流暢ではないが、ときどきはぼそぼそと意思の疎通のできるぐらい片言の英語も話した。

R君の父親の店に着いたときには、もうすでに八時をまわっていた。天井の高い個室に通されて、われわれはステーキと中国野菜、青島ビールを注文。しかし冷えたビールは一本しかなかったので、その後は済南の趵突泉(しゃくとつせん)泉ビールにしたものの、これは教授も私もあまり気に入らなかった。

中国産ワインもあるとのR君の勧めで、煙台産一九九五年ものの赤ワインを試みると、これがとても口当たりが良く、結局みなで三本空けてしまった。

「君がタイから大切に運んできた、あの名物ワインよりはるかにいいね」と教授は笑うのだった。一年前、私はアユタヤで勧められた一本五百円のタイ産赤ワインを後生大事にとっておいて、彼が家に来たとき一緒に飲んだのだったが、見事にまずかった記憶が蘇った。

G氏が「今、青島の一人暮らしで、よくじゃがいも料理を作る」と話すと、Kさんは「それ一番簡単でしょうけど、それにしてもよくやるわね」としきりに感心している。「青島は日本人ビジネスマンが多く、カラオケやスナックも結構あるんだよ。それから美人ママもいるしね」と、彼はニヤリとする。

思い出と夢

次の朝、食事を終えてプールへ行ってみると、すでにG教授がたった一人でプールのど真ん中に立っていた。

「あれ、まさか泳いでいるとは思わなかった……」と言うと、「いや、私だって泳ぎますよ」と、彼の方も私に会うとは思っていなかったようだ。

朝食のときは女性たちとばかり話していてわれわれ二人はあまり話さなかったのに、この冷たいプールのなかでは三十分以上も話し込んでしまった。

G教授がブレーメンからミュンヘンに引っ越してもう三十年以上になることや、珍しく自分の親のことまで話し出したのだ。教師をしていた彼の父はナチスに睨まれて、当時住んでいたハンブルクから旧東ドイツの小さな田舎町に追放されたけれど、敗戦の色が濃くなると、むしろ空襲の少ない田舎のほうが良かったようだ。そして戦争が終わるとすぐに、父親の名誉は回復された。要するにナチス時代の正義は悪で、悪は正義だったという訳だ。

彼が平泳ぎでゆっくり十分ほど泳いで、先に出て行った後、私は一人でクロールやバタフライや平泳ぎで三十分以上も泳いだ。朝食を食べすぎたせいか、ちっとも疲れを感じなかった。食べ過ぎると疲れないようだ。

台風

部屋のCNNテレビニュースが、台風が上海に上陸するという予報を流したのだったが、しかしどういう訳か情報はこの一回限りで、英語ニュースは全く映らなくなってしまった。他の中国語チャンネルをまわしても、ドラマや歌番組だけで、台風情報など全く放映せず、三十分後に、恐らく香港とおぼしきチャンネルで、レポーターが凄まじい嵐のなかで生中継している映像がほんの少し流れたものの、情報が少なくて詳しいことは分からなかった。

妻も私も仕事が始まるのは明後日からだから、今日の上海経由の帰国便はキャンセルして、場合によったらここから北京へ飛んで、明日の便で東京へ戻ってもいいかなと、ぼんやり考えていた。

ＣＮＮニュースは依然として「雷霆」という字幕が出るのみで、放映していないから、天気情報はまるでわからない。妻はすぐ航空会社に連絡して、二十時三十分発北京行き、そして翌日の東京行きの便を予約した。さらに、北京空港近くのホテルをこれから予約すると言う。

しかしその後も、台風がどうなるかの情報は全然ないので、しばらく考えてから、最悪の場合一日延びても二日後には帰国できるから、北京行きをキャンセルしたらどうかと考えていたのだったが、しかし彼女は手まわし良く、済南から上海までの便をすでにキャンセルしたので、そのためにまた新たにチケットを買い直さなければならないのだった。

それにしても、ホテルや旅行社や航空会社までも全て、まるで台風情報のないのにはびっくりだ。日本ならほぼ全チャンネルが台風に関する情報を逐一流し続けるのが当たり前というのに、この極端なほどの違いは何としたことだろう。

Ｇ教授の部屋に電話して、駅まで見送るつもりだったけれど、上海に台風が来て飛行機が飛べるかどうかの連絡を待っているので、ひょっとすると同行できないかもしれないと言うと、彼は「パソコンで調べてみよう」とごそごそやっている。電話では長くなりそうだからすぐ彼の部屋を訪ねると、ちょうどインターネットで上海の予報を検索しているところだった。しかしそこには「今夜は激しい雨」とあるだけで、「台風」とは表示されていない。

「大丈夫なんじゃないかな」と教授はニコニコしている。「もし何だったら、午後の列車で一緒に青島まで行って、そこから成田へ飛べばいいいじゃないか」

「でも、もし本当に台風が上海に上陸したなら、青島からだって飛べないんじゃないかな……」とは言ったものの、彼の陽気さにつられてこちらの気分も明るくなった。

結局、私は十四時発青島行きの列車に乗るG教授に中央駅まで付き添って行った。待合室は本来乗車券のない人は入れないのだが、入口にいた係員は白髪頭の外国人二人を大目に見てくれたようだ。出発時刻が近づくにつれて徐々に人が増えてきて、ベンチに座れない人がたくさんいた。

教授は、ひょっとすると十一月頃にまた日本に行くかもしれないが、タイに寄った後、海南島に行くから、よかったらまたそこで会わないか、と言う。今年は無理だけど、来年ならもっと時間がとれると思う、と私は答えた。

やがて出発時間が来てわれわれは握手をして別れた。遠くからでもずっと目立っていた大柄な彼の後姿は、たくさんの人の渦のなかにゆっくりと消えていった。

タクシーでまたホテルに戻ったのはもう三時近くだったろうか。

チェックアウトしてロビーで本を読んでいると、「空港に電話したら、十二時発の上海行きがまだ飛び立てないでいるから、夕方のわれわれの便は今日は欠航になるかもしれないのよ」と妻が言った。彼女は急遽また旅行社に連絡して、今晩の北京行きと明日の成田行きのチケットを三枚、そして北京空港に近いホテルの予約をしてくれた。

夕刻にタクシーの捕まらないのはもう十分わかっていたから、またR君に運転をお願いした。全身白づくめの姿で颯爽と現れた彼は、「もし北京までのチケットが取れなければ、僕この車で北京までお送りしますよ」と頼もしいことを言ってくれる。昼間はまだ日が差していたのに、台風の影響か、夕刻から町の空は一面真っ黒い雲に覆われ、激しい雨が降り出していた。

車のなかで妻は、チケットの支払い方法や、どこでどう受け取ればいいのかといった打ち合わせのために、ずっと旅行社と電話でやり取りしている。二、三回、R君の携帯電話も鳴って、そのときは前席の二人の声が左右からステレオで響いて来るのだった。

空港では、上海行きチケットの払い戻しに結構時間がかかって大変だった。上海行きは軒並み運行中止となっていたから、いらいらして待っているよりも、さっさと北京経由で帰国することにしたのは賢明だったといえる。

その後、北京空港に到着したのは二十一時過ぎ。外に出ると、人の名が書かれた大きな紙を掲げたホテルの関係者と思われる人たちがたくさんいて、出てきた人はそこに自分の名を見つけるという寸法だ。

到着ロビー前の道路には、もうホテルのマイクロバスが待っていた。ほぼ満員だったのですぐに出発すると思いきや、一人のおばさんがバッグを出口脇の床に置き忘れたので待ってほしいと出て行ったけど、すぐにまた戻ってきた。もうすでになくなっていたという。私は、以前にも同じようなことがあったのを思い出す。

ホテルまでは真っ暗な道を十分ほども走っただろうか。お世辞にも豪華とは言えないホテルだったけれど、まあ北京まで飛んでくることができて、宿が見つかっただけでも良しとしなければならないだろう。

三人相部屋で、妻とKさんが大きく天井の高いツインベッドの部屋、そして私は入口横のベッド以外に何もない殺風景な部屋で寝ることにした。明日は午前十時のフライト。八時までには空港に行かなければならないし、三人とも疲れ果てていたので、シャワーを浴びるとすぐに寝てしまった。

目覚めたのは、朝の七時少し前。

カーテンを開けると、真っ青な空に、箒で掃いたような形のすじ雲が浮かんでいる。北京はもう秋であった。

あとがき

二年前、妻を隣に乗せてアイスランドを時計回りに一周した。一本道は間違えようもなかったけれど、北東部の一部は砂利道の険しいアップダウンが続き、四輪駆動でないと運転はなかなかに厳しいものがあった。この島を一周する人は少なく、殆どの旅行者は首都のレイキャビックから南部のダイヤモンドビーチまで行って、また同じ道を引き返す。そこは氷河から海に流れ出た大きな氷の塊がいくつも黒い砂浜に打ち寄せられて、キラキラ輝いている美しい海岸なのである。世界広しといえども、こんな光景はここでしか見ることができない。島には、太古の地球の姿を彷彿とさせる風景が至る所に散らばり、夜にはオーロラが輝いた。

この極北のアイスランドに夥しいゲルマン神話や信仰の記録が長いこと保存されていたことは、日本ではあまり知られていない。

話はヨーロッパ中世、カール大帝(シャルル・マーニュ)が打ちたてた大帝国フランク王国にまで遡る。教育を非常に重視した大帝は、ギリシャ・ローマ時代に関する書物や詩歌を大規模に収集し、カロリング朝ルネッサンスと呼ばれる一大文化活動を行ったのだが、その後を継いだ熱烈なキリスト教徒で敬虔王とも呼ばれた息子ルートヴィヒ一世は、父が集めた多くの歌物語を悉く焼却してしまったのである。残虐な古代の英雄物語や男勝りの女傑の話など、敬虔なキリスト教徒には全く相応しくないと考えたのである。かくして、ヨーロッパ大陸からそうした物語一切が見事に消え失せてしまった。

　ところが八七四年、この絶海の孤島に人々が自分たちの故郷から太古の伝説を携えて移り住んできたのだ。その後、大陸では十年単位で歴史が変化していたのに、島では時が休止していたのである。そして十八世紀末になると、ドイツロマン派の人たち（たとえばグリム兄弟の兄ヤーコプ等）によって熱心にゲルマン神話が研究されはじめ、スノリ・ストルルソンが編纂した古代ゲルマン神話や叙事詩「古エッダ」、「サガ」なども発見されて、停止していたアイスランドの時は再び動き出したのである。もし、この島にそうした記録が残されていなかったなら、古代ゲルマン神話や伝説、叙事詩などは永遠に我々の前から消え去っていただろう。アイスランドは故郷を追われた伝承を見事に救済した島なのである。

　グリム童話「のばら姫」（ペロー「眠りの森の美女」）を思い出そう。いばらに囲まれた城の中で長い間眠っているお姫さまを、ちょうど百年目に現われた王子さまがキスをして目覚めさせた物語だ。

ダイヤモンド・ビーチ

実は、このメルヘンの元々の舞台は、アイスランドのミュッケン湖畔にあるカルデラ火山フヴェルフヤルに実在する炎に囲まれた城なのである。今は休火山となっているが、火口直径一二〇〇メートル、高さ一五七メートルのこの山は昔、炎に包まれていたという。「エッダ」によれば、かつてワルキューレ(女戦士)の一人であったブリュンヒルトが、神々の神オーディン(ギリシャ神話のゼウスに当たる)が定めた運命を勝手に変えてしまったため、罰として炎の輪の中に閉じ込められたのである。そして燃えさかる炎の壁を、馬に乗ってくぐり抜けてくる「怖れを知らぬ男」が現われるまで、彼女はこの炎の城の中に横たわって眠りつづける定めとされてしまった。やがて、馬に拍車をかけて激しい炎の壁をくぐり抜け、彼女にキスをして目覚めさせた男こそゲルマン神話の英雄ジークフリートであった。

レイキャビック

もう一つ「グリム童話」から、「死神のおつかいたち」(KHM177)をご紹介しよう。

ある若い男が、ひょんなことから死神を助けた。いたく恩に着た死神は、「おまえだけには突然死ではなく、自分が迎えに行く前に何度か必ず使いを送ることにする」と言ったのだ。安心しきった男が、毎日機嫌よく怠惰な生活をしていると、ある日突然死神が現われる。驚いて「約束が違う」と文句を言う男を、死神は「だまれ！」と一喝する。「わしはおまえに、ある時、熱を送った。それから目まいや歯の痛みを、次には痛風が襲い掛かった。しかしおまえはまるで注意もしなかった」。男はあきらめて死神のお伴となった。笑えない小咄である。

私には、コロナウイルス禍も地球からの大きな警告のような気がする。地球（あるいは神と置き換えてもいいけれど）は我々に、大気や海洋の汚染、あるいは大地震や大津波など様々な使い（警告）を送って来たのに、我々は素知らぬ顔をして、みんな先送りにしてきたという訳だ。今、我々に突きつけられているのは、人類が果たして「この美しい惑星に住み続ける資格があるか」という命題なのである。

人生そのものが、よく長い旅にたとえられる。人はある日突然現われて、そしてまた去っていく。ハムレットを持ち出すまでもなく、「生きること」を肯定していくなら、毎日を楽しく過ごすに越したことはない。好きな人と好きなことをやって、それで人生が過ぎていくなら最高ではないか。でも、そんな単純なことが、どうしてむずかしいのだろう。そのためには、きっと一生懸命生きようとする努力が必要なのだ。そして、「幸福」というのはその努力のことなのかもしれない。

さて、とりとめもなく綴ってきた旅の記録も終りとなった。なぐり書きした古い脈絡のない原稿を、巧みにまとめてくれたのは彩流社社長の河野和憲氏である。短時間で見事に編集してくれたその手際の良さにびっくり。感謝です。それから、ここまで拙い旅の記録につきあってくれた「あなた」にも、ありがとう。そして、おしあわせに！

【著者】

金成陽一

…かなり・よういち…

順調にいくと私は令和30年、めでたく満100歳を迎えます。子供のころの夢は「月よりの使者・月光仮面」になること。しかし、むかし訪れたカルカッタで、頭に白いターバンを巻きサングラスをかけて、白い小型バイクにまたがるマスク姿のたくさんのオヤジたちを目撃したとき、夢は儚く消えていきました。獨協高校、獨協大学外国語学部を経て日本大学大学院独文博士課程満期退学。尚美音楽短期大学専任講師、いわき明星大学人文学部日本文学科教授、ポップカルチャー学会会長、獨協大学、中央大学兼任講師等歴任。現在はすべて引退し、大妻女子大学・日本大学非常勤講師。主な著書には『グリム童話のなかの怖い話』『グリム童話のなかの呪われた話』『ドイツメルヘンのひそむ町で』(以上、大和書房)『エロチックメルヘン3000年』『グリム残酷童話』(以上、講談社)『「赤ずきん」はなぜ愛くるしいか』(ハヤカワNF文庫)『おとなのグリム童話』(彩流社)『あなたのドイツ語』(大学書林)等がある。

遠(とお)**い記憶**(きおく)　**遠**(とお)**い国**(くに)

二〇二〇年六月十五日　初版第一刷

著者――金成陽一

発行者――河野和憲

発行所――株式会社 彩流社

〒101-0051

東京都千代田区神田神保町3-10大行ビル6階

電話:03-3234-5931

ファックス:03-3234-5932

E-mail:sairyusha@sairyusha.co.jp

印刷――明和印刷(株)

製本――(株)村上製本所

装丁――宗利淳一

ISBN978-4-7791-2690-1 C0026

http://www.sairyusha.co.jp